即使被判出局
也要讓
夢想回家

阿布（張椀晴）著

CHAPTER 1
第二人生

CHAPTER 2
瘋狂世界

阿布的一朵花

資深媒體人　陳文茜

生命沒有絕對的長，沒有絕對的短。

有些人無病無痛的過了長長的歲月，直到老去齒搖壽盡之年，回憶一生，只是重複著相同的日子，沒有什麼特殊感覺，漫漫歲月，算起來三萬多個日子，做了什麼？經歷了什麼？生命初始於意外，終結於空白。

阿布的生命起初是一滴水，晶瑩剔透，這滴水沾起了畫筆，訴盡了年輕生命的頑強。

一棟人潮穿梭的醫院大樓，在她的筆觸下，顫抖、剛烈、不屈、吶喊。它不再只是醫療機構中的一棟建築，而是包容著刻骨銘心對生命渴望的遮蔽之處。那裡進進出出太多生命的掙扎、哭喊與再生。身為一名在這棟建築物中獲得再生的阿布，她的每一個日子，都是完美的水滴。

「我還在呼吸，我還在微笑，我依然看到了太陽。」

阿布的日子本來不是以完美的水滴串起來的珍珠。她和她的病友們，在最無邪的日子裡，即被生命之神闖入，以一種無理的方

式，沒有方程式，沒有任何交代，直接闖入。她還沒有真正長大，在身分證上才剛剛成年，大千虛幻的世界，對於她一切都還在朦朧狀態，生命之神已經闖入。直接敲打：「嗨，女孩，妳遇到了大問題，而除了勇敢，妳，什麼都沒有。」

那些成人悟道的心靈語言，在她身上突然荒謬起來。她的字典，已被撕去「逃避」兩個字。在愛裡仍有懼怕；在懼怕中萌生愛；生命的愛與危險並存。

所有的慰藉皆是暫時，只有自己心中勇敢的護出一滴又一滴的水，串起珍珠，才足以維護即將來臨的手術、化療……並且目睹病友的截肢，甚或離去。

於是阿布的一滴水，不再是原本的一滴水。水慢慢流入了大海：她先是抵抗，接著溫柔的將她的一滴水，交出，交給了大海。從此海在她的心中，大海見過世面，大海彷彿銀白眉毛的老者，它的閱歷很深，教授阿布明白生命的憂傷本來多於快樂。

只有那些身處在浪潮中，懂得風，知道雨，把生命中經歷的一切當成知己的人，才能掌握自己生命的每一天。日子儘管憂愁、痛

苦，不斷進出醫院的阿布，卻一直念念不忘人間和田園。

最終她在醫院大樓上刻畫了一朵花，綻放、奔放、燦爛、深刻。

在生命之水的澆灌中，阿布的生命花園，勝過了上帝的伊甸園：因為這朵花成長於刻骨銘心的痛，無盡黑暗的夜，頑強抵抗的土壤，依然眷顧普照的陽光。

這世界上，沒有比這更美的花了。

特別的女孩

藝人　陳建州、范瑋琪

阿布絕對是上帝派下來的天使，她將自己的生命故事融入在作品中，傳遞給社會最需要的正面能量，也讓大家看到生命的韌性有多麼驚人！

在93病房認識阿布的時候，就覺得這個女孩非常非常的特別，在治療的過程中，她並沒有被癌細胞擊倒，反而用她每一次的作品讓大家看見──即便是碰到困難，都不會向命運低頭的那股力量和勇氣。我們常透過簡訊來互相加油打氣，勉勵彼此遇到挫折和挑戰都不要放棄。相信上帝會讓我們和阿布認識，絕對是有原因的……因為我們都是被上帝選到的！

許多人常常因為一些感情或課業上的挫折，去傷害自己，甚至放棄自己，所以阿布的作品在這個時代是非常重要的，她的作品帶給了這個社會和世界源源不絕的正面能量！

每一次的見面，都能感受到阿布那股對生命的熱忱和勇氣！誠摯的推薦給大家這本生命故事，也希望藉由這本書能夠看到Love Life的精神！

阿布，我們永遠以你為榮！

美麗的勇氣之書　惠文高中圖書館主任　蔡淇華

如果你的右邊骨盆骨頭不見了，主治醫師落跑了，存活率剩8％，需治療500天，手術無數次，化療12次，副作用難以招架，同病房的戰友又一個個先後離世時，請問，你還有戰鬥的意志嗎？

如果是我，大概放棄了。

但看完阿布美麗又深邃的圖文書後，我彷彿回到剛看完電影《鋼鐵擂台》熱血的最後一幕，又可以握緊拳頭，為生命的美好再戰一回。書裡的每一句話，都像是潦倒一世的休傑克曼，對被打趴在擂台邊的機器人亞當說的話：

「真正的失敗是你不願意給自己一個機會。」
「放棄的理由要很多個，但讓你堅持下去的理由只需要一個。」
「生命的韌性，取決於你對生命的任性。」

像這樣充滿力量的句子，在這本書中俯拾皆是……

「少了點抱怨、多了些時間。有了時間，才有機會去思考、去改變。」

「唯有相信接下來發生的一切都會有它最好的安排時,好事自然就會來。但願這個明白,不算來得太晚。」

很高興,對我而言,這份明白不會來得太晚。

2015年7月,我認識了阿布,看她的畫,讚嘆她不凡的人生,也慢慢明白她那既簡單又無比巨大的文字:「你知道嗎,能活著,真的很幸福。」「先學會面對死亡,才學會真正活著。」或是「走了,路就會出來了。」

不知讀者有沒有發現,阿布七彩斑斕畫中的人物,都是沒有顏色的;原來阿布要告訴我們的是「沒有勇氣,生命就沒有色彩。」

或許我們永遠不知道,明天和意外哪個先來?但從10歲到90歲的人們,都可以打開這本美麗的勇氣之書,重拾日夜流失的勇氣,也讓原本蒼白的生命,重染七彩!

生命的韌性

臺北榮民總醫院副院長　陳威明

2012年11月初，結束了門診前往病房探視剛從高雄轉院的病人，那是我第一次在臺北榮總93病房見到花樣年華的阿布，後來展開了長達5年的動人故事。

阿布在大三的時候被診斷出骨盆惡性骨肉瘤，送到臺北榮總的她已經經歷惡性腫瘤與化療的折磨，看過她的檢查片子後心想「這大概沒有什麼機會了」，但她不僅熬過痛苦的治療與現實的存活率問題，在發病後的第5年，出了她人生中的第一本圖文書。我何其有幸擔任她的主治醫師，在阿布治療完成之後，能為她的感人大作寫序，這是在我公務極度繁忙之際無法推辭的責任。

在過去，骨盆裡的惡性骨肉瘤於全球文獻報告5年存活率只有4%～38%，阿布卻能經過重重難關，活了下來，對她而言或許是幸運，但對醫療團隊卻是滿滿的激勵，這不僅大大的鼓舞了我們，讓我們更加確信絕不能輕易放棄任何一位病患。目前醫療團隊的治療成果，骨盆骨肉瘤的5年存活率已達40%，肢體骨肉瘤的5年存活率則高達80%，和全球的最佳醫學中心相較，一點都不遜色。這樣的成果讓我們能更有信心，也鼓勵我們的病人勇於接受治療，樂觀以對。

一段刻骨銘心的故事起點總是困難重重、淚水不斷，我很驚豔阿布用她堅強的意志力度過那長達11個小時的骨盆腫瘤切除手術、10多次高強度的化學治療、11個月以臺北榮總93病房為家的生活，走過近5年的發病、治療與觀察期，阿布雖然目前下肢仍不靈活，但她擁有一顆最溫暖和堅定的心，及一雙最靈巧、能賦予畫作靈魂的的手，她忍著治療後的不適與不便，細膩的用畫筆記錄下每一個艱困的歷程，還同時鼓勵了更多人一起拿起畫筆讓愛傳出去，用藝術鼓勵及療癒許多的重症患者。

阿布即使面對人生最黑暗的時刻，但她的圖畫大多仍是色彩鮮豔的，在她的畫裡可以看見她對生命的領悟、對病友的相互扶持、對家人的深穩之愛。她利用樸實的文字，道出華而不張的情感，激勵著正面臨生命轉彎處的每一個人。一幅幅圖畫的背後，深刻的描述著時而潸然、時而開懷、時而沉默、時而希望降臨的每一道生命印記。

今年初，在阿布的個人畫展閉幕式上我告訴她：「其實我不只愛妳，更感謝妳，感謝妳給所有的醫護同仁、病友及家屬帶來正向的力量，讓我們更加勇敢的面對週遭的困境與考驗。每當我碰到

不如意的事情時，我就會想到妳，那我的困難相較於妳，就顯得微不足道了。」

每一位病人都是我們的老師，讓我們看見生命中堅強韌性的那一面、看見即使希望渺小也要勇往直前、看見心中有夢便能無懼，同樣也帶我們看見了病友及家屬間無私的愛、看見93病房中的關懷力量、看見我們生活的台灣原來有這麼多的善心人士默默關懷。

「填滿了勇敢，就沒有空間留給悲傷。」阿布將「勇敢」轉化成一張張精采的圖畫及動人的文字，帶著自己和面臨挫折的人們一步步走出悲傷、邁向希望。誠摯的推薦這一本充滿愛、勇敢與夢想的書，給每一個正在和生命認真搏鬥的您。

來自各界的好評

藝人　林依晨：

很多人滯留在人生某階段的困境中，便再也無法前進，可我眼中的阿布，經歷了夢想的斷裂和高強度的手術化療後，靠著不服輸的自己及親友們的堅定支持，得以重新展翅飛翔。

請別說她是幸運的，那是用對生命的謙卑、熱情與珍重換來的，這也如實的展現在她的文字與畫作當中。

旅行藝術家　蕭青陽：

阿布是超正能量小天使，拿起七彩神力畫筆舉向北方，擊退黑暗小惡魔，點燃愛與希望，繼續朝向光亮的航道前進！

我愛阿布！

藝人　劉容嘉：

阿布把自己的生命活成了一門藝術，她可能是我看過最有生命力的人了！我想我沒資格用「推薦」來介紹她，但我真心希望有更多人能認識她的故事和她的畫，並像我一樣從中獲得滿滿的感

動，我知道這也是為什麼阿布這麼努力的原因，我們愛她，正因為她如此熱愛生命，永不停歇，閱讀這本書，就像是緊緊抱著她，給她祝福，也給自己好多好多力量。

謝謝阿布！妳做得太棒了！

網球選手　詹詠然：

擁有才華是一份來自上帝的禮物，但能在困難重重的生命道路上仍堅持自己的夢想和理想，那是需要大到難以想像的勇氣的！

阿布是我認識的朋友裡面最樂觀的，不但努力，同時也非常貼心，每到年底總是會寄自己的手繪卡片和年曆給我們，每一幅畫總是能感受到她的細膩及對自己高度的要求，雖然身受病痛的折磨，但她對自己的要求就是：絕不會因為生病，而影響她對畫畫的熱愛，反而讓她更堅定的堅持她「不平凡的人生」。

我很榮幸能夠認識阿布，她努力克服身體上的不適，用畫筆和文字分享她的人生，勇敢的接受上帝的考驗，帶給更多人愛和溫暖。希望大家一起支持阿布的新作品，讓她的勇敢一起進入你我的心中！

跆拳道選手　蘇麗文：

這是一本「生命影響生命」的書。

生命的旅程中就是不斷的在選擇，但人生往往在面對生命威脅、困難、挫折與絕望中才能真正體會到人生的意義。

我和阿布的邂逅是在93病房，當時受到好友詹詠然的邀請，前往探望93病房的癌症病童。當時我帶著緊張與小心翼翼的心，心想能為他們做些什麼好讓他們忘記疼痛而感到開心？因為我的爸爸也曾是癌症病患，所以我能體會他們正在面對的挑戰與挫折。但……我錯了！

我能給予他們的就只有支持與鼓勵，但他們能給予我的卻是生命的力量與價值。

阿布在生命不斷的轉折中，記錄下在無數個生命盡頭，如何面對、接受、勇敢、珍惜、感恩、夢想、重生的生命經歷。這是一本看完會讓你想要不斷重複閱讀、一看再看的人生故事，認真閱讀後，你會再次得到重新創造自己人生故事的機會，非常推薦大家，一定要認真仔細的閱讀完這本書。

中華肖像漫畫家推廣協會創辦人　廖本濬：

2013年12月21日，第一次在93病房為癌症病童們愛心義畫，也是第一次和阿布相遇。感謝神的恩典，短短3年半的時間，一路走來，見證了阿布對創作夢想的驚人執著與行動力，我真的為阿布感到無比驕傲。

恭喜鋼鐵畫家阿布！請繼續加油挺進！

愛生關懷協會執行長　鍾宜珊：

在阿布的書中，我不只被可愛生動有特色的插畫所吸引，當我細細讀著每一個字、每一張畫，它們如何鋪陳出如此有深度的生命故事時，我内心一直有著止不住的強烈意念——真希望每個人、特別是年輕人都可以閱讀這本書！

與阿布的相遇到熟識，一切過程都是從愛開始！幾年前，93病房罹癌孩子們的故事感動了一群人，這些人因為愛而發起了愛生關懷協會，我們的腳步不曾停歇的原因，就是因為阿布和這群孩子們的生命力量強烈推動著。

阿布的身體狀況使她必須認真的面對生命議題，她寫著：「你愛

工作，但工作愛你嗎？」這內容重重的喚醒了我，幫助我再次整理生活步調。她還寫著：「別推開愛你的人」，更是讓我省視自己是不是也因為日積月累的一些失望，而不敢灑脫的接受別人對我的付出，甚至害怕顯出弱者的一面呢……我驚訝的接收她的文字帶給我的力道，同時又忙著拆解和重組我原本生活體系的結構，此時的我，應該也因著阿布的故事得到祝福了。

中華民國骨肉癌關懷協會理事長　吳博貴：
人，必須擔任各種重要、看似獨立的角色。我同時是醫師、老師、丈夫、父親，也是父母的孩子。如果您與我一樣內心分歧著，推薦您阿布的《即使被判出局，也要讓夢想回家》。
「生病後我才明白，幸福，其實是看自己發現了多少。」「爸爸總會有意無意的告訴我，孩子與父母的緣分都是註定的。」……每個角色深處中的情感，相信您在看過之後，內心某處都會被串聯起。

關於夢想——
幽谷中一盞微弱的光

你有夢想嗎？

小時候的我有一個夢想，想要當一個畫家，待在自己的小房間裡，在牆上貼滿各種大小的紙張，每天揮舞著畫筆，沾著繽紛的顏料，幻化成畫紙上五彩的光影。後來成為了所謂的大人，面臨現實與夢想之間的拉扯，那如夢似幻的光影，不得不一一暗去。

2012年夏天，我被醫生宣判罹患了只有百萬分之一機率的骨肉癌，長在棘手且少見的骨盆深處，密密麻麻的神經被腫瘤團團包覆。醫生說，不開刀，只剩半年的時間；開了刀，5年存活率，也只有8%。

5年過去了，我一次又一次的寫下醫學新頁。

很多人問過我，那些強烈的密集化學治療，以及無時無刻的神經斷裂修復疼痛，究竟是怎麼撐過來的？說真的，我不知道，但我能肯定的是「畫畫」讓治療中的我心情平靜，讓焦慮得以釋放。

不是科班出生，但喜歡畫畫，高三那一年帶著破釜沉舟的心情應考相關科系，進入了畫畫的世界，在術後的第一次化療時，因為

沒辦法出院，重新拾起畫畫這個夢想，畫下一張又一張的打藥日記。

治療的時候有好多次想過放棄，但或許是每一次的繪畫當下，都讓我感覺離自己的內心是那麼的近。更或許，撐下去的理由，是因為從畫畫中逐漸認識了真正的自己，我總是能在畫中與自己對話，甚至與外界對話，更幫助許多人與自己，重新找回生命的價值與意義。

陌生網友因為我的畫，放棄自殺念頭重新振作；患有重度憂鬱症的粉絲，因為我的畫，決定重新走向人群。他們說在我的畫裡，看見對生命的熱愛，所以告訴自己，面對人生的一些曲折又有什麼好失望，至少，還健康的活著啊。

而我又何嘗不是，透過一次又一次的失敗，逐漸找到自己的風格，逐漸走出了自己的畫畫之路。

感謝17歲的堅持，讓我能夠在失去一切後，還能有一盞微弱的光，指引我走出幽黑的峽谷，然後用勇氣的稜鏡，將每道光折射成的人間七彩，畫出一片屬於我的「阿布布思議」。更因為夢想

的力量，我成功的翻轉了被宣判只剩下5年時間的無情結局。

親愛的，就算世界宣判我們出局了，感受到心破碎成一地時，覺得世界末日的時候，都不要放棄你的夢想。不要害怕你的夢想遙不可及，如果能輕易做到，那就不就叫夢想了呀！

這一次，這一本圖文書，讓我重新點亮童年畫畫的光影，要與所有在人生賽局中覺得自己被判出局的你，在五彩微光中，一起走出生命的幽谷，一起牽著「夢想」回家！

人生海底撈

你不覺得，人生就像是在吃海底撈嗎？永遠不知道下一秒出現的是什麼，既期待又怕受傷害。

自己舀出來的常常是身邊人愛吃的，當聽到關鍵句：「你不要嗎？那可以給我」時，就會自動盛到對方碗裡；自己想要的，卻總是不知道該怎麼去爭取。我們經常看著別人擁有的，沮喪的問著自己：「為什麼沒有？」

但其實，你可能就擁有全宇宙最珍貴的寶物。

在臺北榮總中正樓9樓的93病房裡，許多孩子都遺失了那份寶物。

17床，曾經住著一個罹患百萬分之一機率罕見骨癌的女孩，腫瘤長在骨盆深處，連醫生都放棄過她的女孩。

她遺失最珍貴的寶物，但她，決定自己找回來。

她是阿布，1991年出生；2012年，重生。

第 二 人 生

我曾在這名叫人生的航道上

丟了羅盤失了方向

停在三點鐘的指針

告別21年的平凡人生

然後重新遇見

我的不平凡人生

我的，第二人生

給20歲：身披蝶衣的青春

嘿！小時候的你，有想過20歲的自己會是什麼樣子嗎？

收到第一張提醒你要「行使公權力」的通知單時，興奮的不停拍照打卡，恨不得告訴全世界：「我終於是個大人了！」考了多次的路考，拿著終於通過的汽車駕照，載著家人出遊，但副駕駛仍膽顫心驚的要你速度放慢再放慢；因為工作需要，跟著閨密走到百貨公司專櫃，買下人生第一套屬於自己的套裝……告訴自己，要一直帶著憧憬、帶著熱情、帶著無所畏懼的心，迎接20歲生活中即將到來的每一個挑戰。

那時，就像一隻將要破蛹而出的蝴蝶，嚮往著樹梢外的天空，練習許多次的飛翔，或是，許多次的墜落。但現實往往與想像不同，20歲的生活既忙碌又無條理，飛得猖狂，飛得野心勃勃。20歲的自己，努力讓每個步伐都走得踏實安穩，儘管有時會被忙碌壓得喘不過氣，但因為知道自己正在走自己選擇的路、過自己選擇的生活，所以用力咬著牙，不敢輕言放棄、不敢失去任何一次能夠前進的機會……

20歲的自己，很用力的拍著翅膀，飛過一片池塘，便妄想再飛過一片汪洋。那段身披蝶衣的青春，你，還記得嗎？

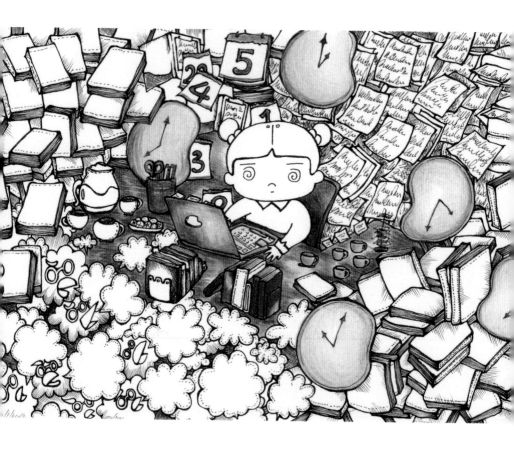

你愛工作，但工作愛你嗎？

20歲的自己，和大多數人一樣，每天都忙碌於工作。

上課、作業、打工，每天永遠有著做不完的事情、寫不完的報告、畫不完的作業，交出了一份，又有三份出現，無止盡的循環。每天的時間就像是拿在手上的洋芋片，一下子就不見，常常不知不覺，回過神來已是大半夜。

我們許多人，用了大半輩子在工作，但幾乎都是為了「別人」在工作，捨棄的卻是自己的時間。

我曾經因為工作，放棄了和家人、朋友、情人的相處時間，因為工作，放棄了好幾次的旅行機會。曾經以為是自己很愛工作，但當被宣判剩下半年時間，徘徊在生死邊緣時，想著的卻不是工作，而是上一次的旅遊到底是何時？這才明白，不管我有多愛工作，工作都不可能愛我。

工作沒有做完的一天，但生命卻有。

暫時放下手邊的工作吧，好好的愛自己一下，好好的跟身邊的家人朋友說說話，哪怕只有一刻，有時候失去，就可能是永遠了。

青春的印記

20歲時，渴望同時擁有朋友、愛情、家人、工作、學業及自己，每一個環節都盡力圓滿，盡力達到最好。

20歲時，那驕傲不畏懼的自己，超修學分、系學會、展覽、兩份打工，以及沒完沒了的例行作業，每天都分身乏術。這幾年才漸漸了解，我沒辦法去討好身邊的每一個人，所以，開始學習將時間留給愛自己和自己愛的人。大大小小的事，塞滿著行事曆的每一個格子，縱使右腳從3月就開始疼痛，卻因為忙碌，讓我常常忽略它的存在。

21歲的生日過得匆忙但充實，剩下一年的大學生活，充滿未知數也充滿挑戰，準備面臨學長姊口中說的「畢業製作魔王」，所以努力達到門檻，為了自己，也為了「交代」。

那一年，其中一個生日願望，是希望一年後能和好朋友一起順利穿上學士服，一起從花蓮這個黏人的土地畢業。3年的時間雖然不長，但也足夠讓一個小屁孩學會獨立成長，看似平凡的大學生活，卻因為只有自己能倚賴，每一個考驗都顯得深刻且記憶猶新。踩在泥土上的第一個腳印，至今仍留在那片草皮。

那是屬於我青春的印記，我的最後一年，平凡人生。

再見，我的平凡人生

2012年暑假，原本應該要在花蓮好好準備畢業製作，不明原因的劇烈疼痛，伴隨著體重極速下降、長短腳；半夜痛到哭、痛到咬著棉被想撞牆；每一天都吃下大量的止痛藥物，也不知到底有沒有超過基本服藥時間，痛了就是一顆又一顆的吞。因為疼痛，所以吃不下飯，體重在一個月內掉了將近10公斤，當時還沾沾自喜，以為終於瘦身成功。

看了大大小小的醫院，打針、吃藥、針灸、推拿樣樣都來，但就是不見起色；醫生都在重複同樣的話：「妳的骨頭很漂亮啊，沒有問題！」然後要我拿著健保卡去領藥。止痛！消炎！

那一個月內大概把21年來的藥量都吃足了，如果掛號能集點，那我一定可以換得不少來院禮。

雖然每個醫生都說著「沒有問題」，但疼痛仍未減輕。輾轉來到

一間骨科醫院，院長先幫我做了簡單檢查，再讓我做第一次的電腦斷層。

報告出來了⋯⋯「妳的右邊骨盆骨頭不見了。」

不見了？怎麼會不見？這是什麼嚇人的答案？

我以為你說的找到答案，會是個快樂結局⋯⋯

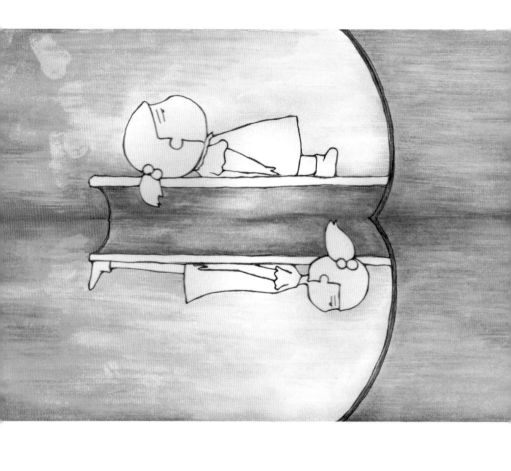

我的不平凡人生.

有沒有一個時候，一覺醒來，世界全變了樣。

在醫生的建議下，我來到了市立的大醫院，做了更精細的檢查，確認了我的右邊骨盆有著不尋常的東西。9月5日，我住進了高雄長庚醫院，腫瘤科醫師幫我安排切片化驗，確認我的腫瘤是良性還是惡性。

從開刀房出來後，一切的一切，開始不同。

開刀後的我，因為劇烈疼痛無法下床，開始了長達7個月的臥床生活；吃飯、睡覺、上廁所、梳洗等一切日常生活，都在那窄小的病床上執行。因為劇烈疼痛，我開始固定施打嗎啡止痛，4小時一次的針劑，打在左右手臂肌肉上，後來因為肌肉開始硬化，護理師每一次都在找尋柔軟的落針點，就算只有一粒米大小的範圍，都值得慶幸。

日復一日，我的不平凡人生，從這裡開始。

不知道終點在哪裡，找不到方向，對明天更沒有一絲的期待。

多希望這是一場夢，多希望能趕快醒來。

生命倒數

每一年爸媽的生日，問著他們要什麼禮物，他們總說，只要我們健康就夠。當時天真的以為是因為怕我們花錢，這一刻才知道，原來健康真的是全宇宙最難得的禮物。

切片結果是極度惡性的骨腫瘤，醫生說上一次看到這樣的病例已是8年前。因為錯過了早期發現時間，切片時已經是第三期，需要馬上進行化療再做切除手術，但手術成功機率不到一成，存活率幾乎是零⋯⋯這些數據，是我在生病的一年後才知道。

化驗結果出來，醫生只告訴我，開刀後仍需終身坐輪椅，也可能要截肢保命。對準備升大四的我來說，這個消息來得太突然、也太震撼，我的腦中一片空白，眼淚早已不自覺大把大把的落下，旁邊的母親也泣不成聲，但堅強如她仍不忘安慰我：「妳坐多久的輪椅，我就照顧妳多久，我們會照顧妳一輩子。」

「一輩子」三個字真的太過沉重，讓我更加無法喘息，更覺得自責。

原本再一年就好，再一年大學畢業了，就可以換我扛起這個家的責任，換我照顧他們，換我保護這個家的。

為自己，勇敢一次

無止盡的眼淚絕對無法改變既定的事實，但我們可以選擇如何在劣勢中讓自己取得一絲優勢，就算成功的機會只有1％也好，仍要奮不顧身的放手一搏。

當時的自己還不清楚惡性腫瘤其實就是癌症，對於要一輩子坐輪椅的結果讓我大受打擊，還來不及消化這狀況的同時，醫生告知我必須馬上接受人工血管的植入，好把握每一分能跟腫瘤對抗的時間。

還沒真正感受到自己已生病的事實，兩天後又第二次進入開刀房。人家說一回生二回熟，這句話還真有那麼點道理，這一次不那麼焦慮了，難免緊張，但卻很快舒緩。

躺在病房內等待傷口癒合的同時，左胸口的印記彷彿宣告這一條不知道終點、更不知道會遇上什麼考驗的路，我已經開始踏上。這一次的努力，不再只是為了他人的期待；這一仗，我是在為自己的生命而打；這一刻，我是在為自己勇敢。

原來，從沒忘記怎麼愛

有句話說：只要感覺到「和這個人在一起，就可以盡情展現自我」的時候，才能真正的愛。一直以來，我以為幸福、父母的愛，是去看擁有了多少，所以總會和妹妹比較，為什麼她有的我沒有，她可以做的我不可以，總覺得爸爸並沒有這麼愛我。

生病後我才明白，幸福，其實是看自己發現了多少。

裝人工血管前爸爸問我：「妳要不要直接把頭髮剃了，不然到時候一根一根的掉，清理起來很麻煩。」我的回答，就和過去21年來的每次對話一樣——「好啊！」理髮阿姨特別幫我將頭髮一區一區綁起來再慢慢剃下，說日後可以做成假髮。落髮這一天，全家人都來到病房陪伴我，唯獨爸爸遲遲沒有出現。

心裡想著「大概在處理什麼事情吧」，頭髮剃到一半，病房的門打開了，爸爸戴著很久沒戴的棒球帽進來，那是他偶爾在冬天才會拿出來的。他有點不好意思的拿下帽子，用一貫有朝氣、有活力的大嗓門說：「我女兒要長期抗戰了，她一個人沒頭髮會覺得很奇怪，所以我要陪她一起，她是多久的光頭，我就當多久的光頭。」說完後笑笑的跟我說加油，眼角含著淚。

原來，他從沒忘記怎麼愛我。

生命，真的到終點了嗎？

父母與孩子的緣分，都是生下來就註定好的，只要我們盡了全力，剩下的就交給天去安排吧。

人的一生中，我們身邊的人總是來來去去，曾經以為父母會一直陪伴我們到最後，長大後才知道，能夠陪伴自己一生的，從來就只有自己。

開始化療後，爸爸總會有意無意的告訴我，孩子與父母的緣分都是註定好的，在一起的時間能有多久，強求不來，只要我們做好該做的事，按照醫生的指示，剩下的就交給天吧。

經過了2次化療、12次放療，腫瘤鈣化的程度不如預期，醫生決定要提早開刀。就在一切都準備好的同時，醫生突然中途放棄⋯⋯20年的時間說長不長，說短也不短，如果說這真的已是人生盡頭，至少，在最後的道路上，我們除了盡力以外，還能用所有的時間陪伴彼此，並且好好的說再見。

但，我的生命真的就這樣要到達終點了嗎？

不對！機會都還沒試過啊，不是嗎？！

再次出發

面對孩子罹癌，有多少父母能夠概括承受？就連我自己從生病開始，每一天都想著該怎麼逃跑。

化療的日子真的太折磨，和母親兩人在單人病房的夜晚，好幾次歇斯底里的哭喊著我不要治療了，真的好痛、好痛。是母親的淚水與父親的執著，和每一天都站在轉身就是懸崖的我，不斷的來回拉扯。

面對醫生的放棄，50年來都沒有獨自到過臺北的父親，二話不說拿著我的病例，踏上第一次搭乘的高鐵，都還來不及分清楚月臺，便隻身前往臺北。

走進榮總骨科門診的候診間，等了彷彿一個世紀這麼長，當終於見到骨癌權威的陳威明主任時，他跪了下來，再也忍不住，落下藏了兩個月的眼淚：「請救救我女兒吧。」病房的空氣凝結著哀愁，父親挽著母親的手，兩個月的時間，他們瞬間老了許多。

再次出發吧，躺在救護車上的我知道，這是我最後也是唯一的希望。

93病房

93病房，兒童重症病房，有三分之二的孩子都罹患罕見骨癌，但在他們臉上，看不到太多的悲傷。

有人問我，是什麼樣的狀況下，讓我開始有了不一樣的念頭產生？我想那個重要的轉捩點是：「轉進93病房的那一天」。

對面的學姊，一邊拿著嘔吐桶一邊跟躺著進來的我打招呼，她說嘔吐是化療後的正常副作用，代表著化療對身體的壞東西有效。身經百戰的學姊爸爸張開雙手歡迎我這位新生，他說我們大家都一樣，都有著共同的敵人，朝著共同的目標前進。說完，他拿著一大本菜單問我們要不要一起叫晚餐外送。

待在這裡的一個禮拜，我在每一個孩子的臉上幾乎看不到哀愁。或許是因為勇者無懼，也或許是因為明白不該花太多時間在難過。時間過得很快，在這一場不知道結果的馬拉松裡，我們可以

選擇用盡全力豪邁的跨過低潮，然後用一個200分的笑容去迎戰它！

如果10多歲的孩子們都可以做到，那我又為何不行？

最後的道別

如果這一次見面就是永別，那就讓我們好好說再見，再讓我感受一次你的溫度、你的笑容，願能將這一刻美好，永遠烙印在我們心中。生命的脆弱，在生病後有深切的感受，人生的無可奈何，在病床前，展露無遺。

開刀前的自己，早已做好最壞的打算，親友們從臺灣各個角落接踵而來，他們的出現，對我來說就是最好的安慰，至少，能夠在生命的最後時刻，一一見面。雖然不禁會感嘆，有記憶的10多年來，從未認真的執行「把握當下」，但想著：有多少人，在意外發生之後，連聲再見都來不及說……便能真心的感謝上天，感謝上天讓我可以擁有足夠的時間，和我愛以及愛我的人好好道別。

現在就開口說愛吧，並好好珍惜睜開雙眼的每一天，不管它是快樂還是悲傷，都用盡生命去感受吧，在遺憾還沒發生之前。

最終回

開刀前的這段日子，我幾乎每一天都在巷弄中迷路，那是一個永遠走不出的胡同，我不斷找著出口，但當你問我在找些什麼的時候，我不知道，或許是在找一個完美的理由，找一個能夠說服自己解釋當下狀況的理由。

搭著小床被推進開刀房的那天，心情特別平靜且祥和，下午三點，真正放開了牽著我20年的爸媽雙手。利用麻醉前的短暫時間，快速回顧了這20年人生，雖然沒有太多的大起大落，但也寫下了不少在夜晚想起時，會哭會笑會懷念的過往。

不管手術的結果如何，至少我已用盡全力給自己20年的人生，一段刻骨銘心並算完美的結局，不管有沒有續集，在今天，這個故事是真的即將要結束，伴隨著古典樂、大月亮與小星辰。

「我們開始倒數囉！」10、9、8、7、6……

如果你的生命只剩下10秒鐘，在你心中想起的，會是什麼呢？

真的，還活著嗎？

人啊，總是在失去後才後悔莫及，卻已經來不及。踩下扎實的每一步，好好感受肌膚的冰涼與炙熱，代替我。

真的，還活著？

真的，還活著。

15個小時後睜開眼，半夢半醒，喉嚨中的呼吸管提醒了自己還活著的事實。手術後的第一天，只能用生不如死來形容，關節脫臼後重新裝上、近70公分的傷口、一半的骨盆變成鋼鐵……這下，可真的成為貨真價實的鋼鐵人了。

手術從身體側面切開，將一半的骨盆卸下，挖掉大腫瘤，冷凍完，再填補鋼筋固定回去。看似只會出現在怪醫黑傑克的醫術，真實的發生在自己身上。疏失讓右腳失去了原本的功能，再也無法控制，醫生說他暫時睡著了，什麼時候醒來，不知道。

或許，就像睡美人一樣，需要沉睡個100年，等待帥氣的王子來解救，但不管最後王子會不會出現，能再次感受到心臟用力跳動，就已足夠。

這一天開始，是真的無法再回到從前了，無法再享受自由的奔跑，無法再用過去的身體感受未來的人生，連靠自己走路這個卑微的願望都顯得困難重重。

好久不見

沒有人可以停下時間，但時間總在我們不注意的時候，用不一樣的方式默默留下。

7個月的時間有多長？7個月可以有多少的樣子？我們拍照、寫日記、臉書打卡、錄影、畫圖等，嘗試用不同的方式去記錄每一個當下，想要留下那一刻的美好。雖然沒辦法阻止時間在走、地球在轉、人在變老，但我們可以選擇努力讓自己的生命變得富有。

從住進醫院開始到出院，歷經了7個月的時間，歷經了生死關頭，踏出醫院那一刻似乎終於明白，用力揮霍青春或是努力珍惜歲月，其實指的是同一件事情時，彷彿可以更了解生命的價值與意義。即便離開的那一天會發現，我們帶不走所有，甚至一無所獲，但至少還能想起那些曾經，那些愛過、笑過、哭過、痛苦過的日子。

你，有多久沒好好感受這個世界？

歷史無法改變

揉捏過的紙張無法撫平到最初的樣子，已經發生的事情無法重來，但我們，能創造一段新的歷史、新的畫面。過去的傷痛，或許會讓自己感到自卑，但不要讓它變成無形的枷鎖，必須相信自己一樣能夠在這樣的狀態下，成就更好的未來。

人的一生中，最快樂幸福的事情，莫過於跟一個自己深愛的人，執子之手，與子偕老吧，但人生總有許多的事與願違，手術後得知自己可能要一輩子倚靠拐杖與輪椅，甚至被剝奪當母親的權力時，這個盼望便跟著壞東西一起留在手術檯上了。

面對每一個看似無情，卻已經發生的課題時，或許我們需要的，其實是一個90度轉彎。轉個方向重新看待，或許，就可以在另一條路遇見更美好的風景。

只要你願意相信，相信自己可以創造一段新的故事，當自己人生的主角，未來的劇本，由你自己來決定結局。

翻轉吧！第二人生

「只要生命還沒到黃昏，下一站就是你的第二人生。」

——五月天〈第二人生〉

既然我的生命還沒到達黃昏，便已經開啟了第二人生，那就繼續義無反顧的戰鬥吧！不管結果是成功還是失敗！

短短7天後，我又再次回到醫院準備下一次療程，這一次住進醫院又將是21個同樣的日子。但這一次，我選擇不再悲傷，我選擇開始找一個目標、一個寄託。多虧了我的好學妹，轉了好幾段車從花蓮帶來我休學前未完成的作品。「無聊妳就畫畫吧！」於是我重新拾起畫筆，一邊打著化療，一邊顫抖的畫。

病房裡的醫護人員是我的忠實粉絲，每一天隨著醫生查房時，也順便查我的「作業」進度，後來還幫我出了作業。這是我新人生的第一個身分，每天只需要吃喝玩樂及做完當日功課的學生，大光頭則是我們每一個人的專屬學生證。

人生，或許真的有可能重來一次！

面對

看著鏡子中的她，是為了更接近真實的自己。

第二人生的第一步——照鏡子。剃髮後的7個多月以來，終於鼓起勇氣照了第一次鏡子，在化妝檯前盤旋很久，終於能兩眼直視鏡中的自己，像第一次約會，緊張，不安，只是這次坐在面前的，是自己。

「這真的是我嗎？」看到對面的她，心中浮現的第一句話。

重新開始的人生，第一件要學習的事情是「面對」。面對因為打化療而沒有頭髮的我，面對因為疏失而導致右腳不能靈活使用的我。每一天都在告訴自己，雖然右腳不能動，但我還有左腳可以代替我踏出步伐，還有左右手當我的倚靠。每一天都在告訴自己，學著與不方便的下半身開始共存，既然無法改變，那就遵循現有的脈絡去找一個出口，找一個適合自己的結果。

學習習慣每一分鐘都有人在身邊照顧，學習坐著輪椅、撐著拐杖；學習面對不一樣的人生，面對不一樣的生活方式；學著面對自己內心巨大的恐懼和無力感，以及學著，靠自己撐起另一片天。

人生的賭注

拿到一手好牌打贏並不意外，拿得一手爛牌還能扭轉局勢，才是真的厲害。

手術後經歷了12次化療，每一次的化療都是跟生命的賭注，籌碼是我的紅血球、白血球、血小板，輸光了就幾乎註定將在地球上正式出局。

化療副作用與後勁一次又一次的強大與難以招架，好幾次的白血球都在100上下，在醫學報告存活率只有8%的狀況下，每天都膽顫心驚，而且必須小心翼翼，一不注意就可能失去談判的權力。每結束一次就是慶幸一次，和時間賽跑、和病魔拚搏，拿了一手爛牌常不知從何打起，埋伏在體內的壞分子蠢蠢欲動，必須要在他們發現前就先將他們殲滅。

現在的第二人生，每多一天的日子，就是值得慶祝感激的事，畢竟在2012年底，早已先行被宣布失敗。

只要還沒有戰鬥到最後一刻，你永遠不知道誰才是真正的贏家，相信自己，就算條件再惡劣，只要成功率不是零，就有機會海闊天明。

畢業典禮

有多想飛翔，天空就離你多近。

禁錮的靈魂，終於獲得了釋放，在歷經了近500天治療的日子，結束了12次療程，醫生說脊椎造血的功能雖有點受損，但也算勉強過關，可以正式從臺北榮總畢業了。達成了目標，那一天的出院代表著自己終將回歸屬於我的位子，這段日子都只是暫時休息。

這一年多來，我沒有一天不想找到生病的原因，但後來發現，原來我是遇到了人生的轉運站，它要我先別急著往前走，它要我先停下緊湊繁忙的腳步，先調整心情和步伐再出發。人的一生都在尋找自己的存在價值，有時候挫敗只是要我們暫時休息，而不是為了忘記如何展翅。羽翼受傷沮喪時，試著把快樂當成一種選擇，只要耐心等待它再次變得強壯，一定又會擁有衝向雲端的機會。

5年的時間，轉運站讓我找到了這一片能讓我自在翱翔的天空。
而每一個人，也都能在自己的天空，找到適合自己的飛行方式。

瘋狂世界

我們一輩子都糾結在這充滿愛的世界

這裡是繞不出去的迷宮

是無法迴轉的單行道

人們在找尋一個出口

經過一百次的提問

答案出現在失去一切之後

找不到方向時就回到原點吧

你就是自己的北極星

自卑感

開始嘗試正視自己內心的自卑感，才有機會活出你真正的光彩。

2013年開始，每年生日願望都有相同的一個：「希望未來可以照顧自己、為自己而活。」行動不便的事，一開始在心中造成大大的自卑感，開始意識到自己右腳的癱瘓、罹癌、生活要人幫忙打理，這一個心中的結很難打開，甚至後來覺得因為不符合期待，所以開始自暴自棄。

直到有人告訴我：「生病本來就是每個人都會碰到的事，只是妳的病發生的比較早，也碰巧比較嚴重，行動不便根本不用自卑，因為在我們心中，妳依舊是妳，沒什麼不同。」

正視自己的脆弱後，好像一切都變得簡單，也輕鬆許多，終於不再只是為了努力達到別人期盼、努力達到社會標準在過生活，我開始用心，開始學習深入了解每一件事的發生背後，都有上天想傳遞給你的真正訊息。

在遭遇到重大挫折或瓶頸的時候，心必定會很痛、很沉重，但重重打擊也能讓你飛得更高、更遠、視野更加遼闊。要相信每一個生命都是值得努力綻放的煙火，每一個生命，都是。

選擇題

不知道自己真正想要的是什麼，有時候只是因為選擇太多。

結束治療後，我開始了漫長的休養日子。因為腿的不便和身體尚未恢復，讓我依舊需要扮演病人的角色，只是地點換成了家裡。首先遇到的問題便是經濟，雖然已經休學，但22歲的我，幫忙賺錢仍是心中首要顧念之事。雖然父母總說賺錢是他們的責任，但身為長女的自己怎會袖手旁觀。

很多人說，羨慕我很清楚知道自己想要的是什麼，我總笑笑的回答，那是因為我只有一個選擇──畫畫。畫畫不需要出門，畫畫不需要走來走去，畫畫能夠自己獨立完成，與其說當時的我選擇畫畫，不如說是畫畫選擇了我。

逃避現實並不會讓承受的壓力減少，但開始面對才有可能解決這個現實問題，父母會老會走，最後能陪伴自己一生的還是自己。

後來，畫著畫著，不只畫出了解決辦法，還畫出了一張張的夢想藍圖。

阿布布思義

面對你的負面情緒

有了不一樣的思維後，人生也開始有了變化，我開始嘗試處理我的負面情緒，有效的利用它。

開始畫畫後，身為藝術家的自己，發現了一件很棒的事情，那就是原來我能透過我的覺知、我的所能，將我身體與心理承接到的負面能量及情緒，透過繪畫轉化成不一樣的質地，改變了它的本質，它的產物也就不同。

現今社會都在提倡正面能量，但正面能量與負面能量其實是共生共存的，一方的存在，並不代表另一方不存在。不諱言，負面情緒至今偶爾仍會出現在心裡，但我選擇處理而不是放任，正因為會沒自信、會沮喪、會感到挫敗等低潮，才進而產生想進步、想證明、想讓自己更好的想法！

負面情緒可能成為阻礙你成長的凶手，但也可以是幫助你前進的大大推手。在一張又一張療癒的畫作背後，是因為那些悲痛的經驗、滿滿的挫折感與自卑感正包圍著我，在烏雲籠罩的時候，我選擇一次又一次的提筆作戰，將他們一一轉換成躍然於紙上的雨後彩虹。

不完美的人生

在接受了不完美的那一刻，開始以感激的心情看待遭遇的困境，那一刻起，你的不完美人生正逐漸完美了起來。

一年後，畢業照的拍攝地點不一樣了，但我還是如願的穿上畢業服，和好朋友們一起留下青春的紀念。這個21歲生日許下的願望，雖然是在因為骨折、坐上救護車急診後才緊急更改的替代方案，但也算是圓滿完成。

大四這一年，我寫下的論文是一篇關於自己這一年所遇上的大起大落的人生。這一段看似不完美的人生，扎實的讓我學會了好多人一輩子都在努力的課題——人生就是不斷的戰鬥，所以要珍惜和身邊的人相處的每一天，以及認真的把握當下。

人生中本來就有許多出乎意料的事，有時黯然、有時欣喜，有時也百般的無可奈何。但不管是喜是憂，當我們都得全盤接受的同時，是不是能試著用不一樣的角度去看待，少了點抱怨、多了些時間，有了時間，才有機會去思考、去改變。

雖然目前行動不便，不過現在的我已經明白，唯有相信接下來發生的一切都會有它最好的安排時，好事自然就會來。但願這個明白，不算來得太晚。

重新出發

我開始畫畫，也開始了我新的人生，重新出發吧！

剛開始畫畫的自己，對於沒好好認識過的色鉛筆，既熟悉又陌生。不知道畫些什麼，就畫自己熟悉的照片，昨日還在的場景，一邊畫一邊探索與其他媒材搭配的可能性。3年來畫壞了近千張紙，卻也畫出了自己的風格與樣子，用盡了近百隻筆，但畫盡了內心情感的訴說與澎湃，張張堆疊的畫紙，也疊出了隱藏在心中那個純粹的自己。

用畫說話，激盪出這些美妙的圖畫，在摸索媒材的這段日子，同時似乎也在重新認識自己的內心，到底什麼是自己真正想要的？什麼是自己熱愛的？尋找真正的自己，這是一輩子都在做的事情，我找到的祕訣是「不斷嘗試」，不過捷徑卻是不斷的面對挫折與失敗。

只要先找到自己喜歡做的事，接下來，就容易找到你內心真正想要的樣子。

世界很美

「這世界並不缺乏美，只缺乏美的眼睛。」

——羅丹

對我而言，畫圖是我和這個世界連結、認識它的最佳方式。

待在醫院的時候，窗外的風景每天都一樣，唯一不同的是路上行人的穿著。住進臺北榮總時，剛好是冬天，厚重的外套、蹣跚的步伐，臉上少了顏色、多了點苦悶，走進醫院、再走出醫院。毛衣、短袖到薄外套，再次回到毛衣時，我從93病房畢業了。

畢業的那一天，對面學校操場的樹葉已經泛黃，醫院旁的人行道上躺著上午剛落下的花，出了醫院大門，才感覺到這個世界原來這麼不一樣。

生長在葡萄牙人稱為福爾摩沙的美麗寶島，西部有3月的日月潭櫻花，東部亦有8月的六十石山金針花；還有好多值得多停留一眼的建築，在臺北有中正紀念堂，高雄有龍虎塔……

我開始把我曾經看到的，逐一畫下，我想帶著在醫院無法離開的孩子、帶著必須堅守崗位無法遠行的忙碌人們，透過我的畫，與我們的土地連結。

世界很美，臺灣更美！

你也很美

我們不斷的強壯自己，不是為了要去改變別人，而是為了不讓別人改變我們。

以前的我，總是努力想讓自己變得更強、更好，我以為是因為我想贏過那些不看好我、討厭我的人，生病後才發現，自始至終，我一直是為了想要擁有足夠力量，去保護那些我深愛的人。

生病後的自己，拿了拐杖，失去了原本的生活，也遺失了原本的自信心。我開始變得焦慮不安，一些風吹草動就會讓我緊張兮兮。也問過自己好幾次，如果我幸運的活下來，行動不便的我，該怎麼辦？在經過一百次的提問後，我開始尋找答案。

從復健到開始好轉，把畫圖從興趣變成職業，我重新找回了自信，原來我的自信是來自於工作能力，每一個人都需要自信！自信能讓你變得更勇敢、更強壯，還有更美麗。自信，不是因為外在條件的增加，而是內在價值的產生。在透過無數次的嘗試與實踐後，它們能讓你變得更好、更接近自己理想的樣子。

真正的自信是你知道自己能做些什麼，而這些，大多來自於你的夢想！

不完美也是完美

凡事就像太極中的黑與白，同一件事可能令你絕望至極，也可能讓你走進另一個嶄新世界。

要改變10多年來的生活模式是件不容易的事，需要漫長的努力，而這些改變，其實都正在潛移默化的影響著自己的人生軌跡。在失去自信之後，我曾經想過，如果沒有生病，我清楚知道我不會當一個藝術家或生命講師；如果我沒有行動不便，我不會開始拾起畫筆，重新開始從零學習。

有時候，其實只要把該做的事情做好，朝著你心中的指南前進，總會可以找到一件事，是別人沒辦法做到，但你可以，因而成為獨一無二、別人羨慕的你。罹患罕見骨肉癌，成就了我抗癌藝術家這個身分，期許在未來的演講，臺下的人受到我的影響，是因為我正在做的事，而不是因為我罹癌與行動不便。

有時候，生命中遇到的不完美，反而能成就日後那完美的你。

找回勇氣

反而在失去一切後，才確定了方向。

生病後的自己，因為只有畫畫一個選擇，所以努力將它做到最好。心裡想著，畢竟再差，失敗了就只是回到原點而已，那麼，又有什麼退縮的理由呢？於是，我重新找回追求夢想的勇氣，心想：「我是不是能夠靠著畫圖，撐起我的夢想？」

2013年底，我將自己在治療後期開始繪製的捷克風景圖彙整起來，做成了一張張的明信片與桌曆，讓喜歡我畫作的朋友們也能擁有它。那時收到了好多來自網友的訊息，他們說透過了我的畫作，在遇到困難時重新找回了方向和勇氣。

印象最深刻的是一位媽媽，離婚和經濟問題讓她想帶著孩子自殺，朋友拿了我的粉絲專頁給她看，說這個女孩經歷了這麼大的考驗都沒有放棄，那妳怎麼能放棄？

後來，這位媽媽決定為了孩子好好活著。我想，她的想法，已經從找回勇氣的那刻起，開始改變了。

創造你的不思議

找到自己風格的路程，像走在找不到出口的迷宮，偶爾還會拚命的遇上死胡同。

做了第一本桌曆後，我曾好長一段時間不知道要畫些什麼，想模仿他人的構圖及畫風，但在完成草稿後又揉掉，因為這樣的作品，無論再好都不是自己的。我曾徬徨低落過好一段時間，懷疑自己是不是根本不適合畫畫這條路，但放棄了這條路，又該何去何從？

「找不到方向時，就回到原點吧，不知道畫什麼時，就畫生活吧。」當時告訴自己，反正已經找不到路，亂走一通，說不定也能柳暗花明。

於是我開始畫了第一張完全「想像」的色鉛筆畫──滿滿的柳橙，因為每天都必須喝下一杯柳橙汁，所以家中的廚房總有著滿

滿的柳橙。後來又畫下了雨天的青蛙、午後的點心時光等以阿布仔為主角的圖畫，在收到網友們的留言後，才慢慢開始相信自己的作品是真心的被喜愛著。

美麗的彩虹，總在大雨之後；療癒的圖畫，總出現在卡關之後。相信我，常常卡關的你，也可以創造屬於你的不思議。

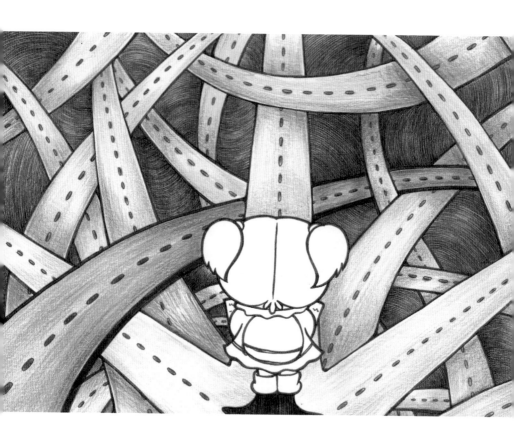

你的人生，你來決定

人生的方向，由你自己決定。

面對困難才能解決困難，逃避不能解決問題，唯有面對問題，才可能找到答案。

寫這本書的同時，妹妹剛好面臨了升學與否的問題。在臺灣，很多學生都認為應該要念研究所，但問他們為什麼要念時，很多人都沒辦法給出確切的答案……不禁想起了大三時的自己，也面臨過究竟是要出社會還是繼續念書的選擇題。

有些學生念研究所是為了逃避選擇，但選擇逃避，問題仍存在，兩年後依舊會再次出現。永遠只有自己知道，想要的究竟是什麼，很多時候我們在提問的同時，其實心裡早已有了答案，就只是需要一股推力、需要被認同。

如果下次你遇上了棘手的選擇題時，不妨直接問問自己：「最想要的結果是什麼？」他人再多的建議，都比不上自己對自己的一句肯定。

走了，路就會出來了。

知道嗎？你很幸福

人生中，有沒有過哪一個人，因為誤會而使得你們分離？

有些爭吵、冷戰或離別，在當下很努力想去修補或改變，卻總是無能為力，那就先暫時當作美好的遺憾，繼續往前走吧。答應自己，下次見面時，不要再錯過解釋的機會了，因為不是每一次的錯過，都能夠重來。

在成為抗癌藝術家的同時，我身邊一直有群朋友支持著我的夢想。當中有些人和我一樣也擁有夢想，在經歷人生劇變後，仍想盡辦法重新回到校園繼續追求夢想，他們說，雖然沒辦法維持原本的方向，但是可以用別的方式來達成自己的目標。我以為，我們能這樣互相分享、互相扶持，一直到彼此都達成夢想的那一天，但現在這些夢，他們來不及完成，也再也無法完成。

你知道嗎？能活著，真的很幸福。

誠實面對

你有夢想嗎？有的話，就去追吧！全世界都會幫你，當你真的去做一件事。

面對病友的離開，我思考著自己真正想要的是什麼。我們都曾像孩子一樣勇敢，一樣勇往直前，一樣不畏眼前的困難奮力爭取；我們都曾像孩子一樣有夢，不管這個夢聽起來多荒唐，那時候的我們都相信在未來的某一天，這個夢想一定會實現；我們都曾是個孩子，只是忘了而已。

還是孩子的我們，會捍衛自己的權益，長大了之後，卻容易想很多。可是，真的有這麼複雜嗎？

你還依稀記得孩童時期的夢想嗎？給自己一個機會吧，去勇敢追求自己的夢想，即使這個夢想可能會讓你被嘲笑，或是幾乎不可能達成，不過，那又如何？真正的失敗是你不願給自己一個機會，踏出那一步，跨越阻礙。

如果你還沒開始努力，就別說自己不可能成功。

放過

以前的自己，心裡總想著要當學生們的長腿老師，幫助他們解決困難，現在這個夢想成真了，只是實現的方法有了180度的轉變。

從開刀後到現在，我仍缺乏自信。

5年來，偶爾會有幾個夜晚，做著一樣的夢，夢中的自己清楚知道腳不方便，但仍然可以走路、可以丟掉拐杖，跟著朋友們四處遊山玩水，這夢境快樂又真實；但早晨醒來後，卻又被硬生生拉回現實世界。當時的我想著：會不會夢中的世界才是真的，現在的世界其實是個假象？

夢裡夢外，難捨難分。直到後來逐漸釋懷、逐漸接受自己的身體狀況、自己的不一樣，說也奇怪，這樣的夢，已經好陣子沒再出現。原來，人們說的放過自己，是「放」下「過」去的自己，才能獲得真正的解脫。許多事情不是難以釋懷，而是拉不下臉，放不下而已。

先愛自己別人才會愛你

你有好好的愛過自己一次嗎？

有沒有過一個人，不管別人或是他自己，說了一萬個他不可能愛你的理由，你仍義無反顧的去愛了他？你天真的以為是自己做的不夠多、不夠好，但你有沒有想過，問題從來不是在你身上？

小時候曾聽人家說，女人要當一瓶美酒，越沉越香，但我認為女人與男人都該當一本好書，值得讓人一讀再讀，就像《小王子》的經典，值得一而再、再而三的細細品嘗。書封再美也不會讓人一再拿起欣賞，內容很美卻能吸引人一再翻閱。相信自己是一本值得珍藏的好書，只是有的人喜歡推理小說、有的人喜歡文藝小品罷了，不是你不好，而是還沒找到對的閱讀者。

我總告訴自己和身邊的朋友，先成為自己欣賞的又青姐，才有機會遇到你生命中的大仁哥啊！

你有沒有認真的欣賞過自己一次呢？

你值得幸福

很多人一輩子都在學習如何去愛一個人，卻忘了享受被很多人愛。

人生就是一齣最值得欣賞的舞台劇，不管劇情是平淡無奇還是轟轟烈烈，身為主角的你當然要用盡全力揮灑；不管時間是長還是短，你都能享受這個角色到決定下臺的最後一秒鐘；不管結局是快樂還是悲傷，你都值得被給予熱烈的掌聲。

在這齣名為「人生」的劇裡，我們學著與人相處、學習擁抱彼此的缺點、學習鼓勵對方的優點、學習接受彼此的一切。真正的愛，是讓你不用假裝，真實的做自己，能夠好好的、踏實的去愛這一個人。

不要待在會讓你受委屈的地方，你可以選擇離開，而不是留下哭泣。人只會被自己困住，沒有人能勉強你去愛一個不愛你的人，更沒有人有資格讓你受盡委屈。

相信自己，是最美麗的主角。相信自己，值得幸福。

吸引力法則

你是個什麼樣的人，身邊的朋友就會是什麼樣子。

朋友是你的人生必需品，也是這齣舞台劇的重要演員，多了他們，你的生活會增添許多姿色。我想，朋友之間最珍貴的，便是那份踏實的信賴，與無條件的陪伴。

剛知道自己罹癌的當下，心中湧起了一股莫名恐懼，像掉入一個伸手不見五指的黑洞裡，慌張、不知所措，這樣的狀況維持了好一陣子，所以只好選擇逃避。

當時的我不斷逃開朋友們的臂彎，想要獨自一人面對接下來的考驗。但還好我的朋友們都跟我一樣「不受控制」，硬是闖進了我的病房；硬是每週都要寫一封信給我，也不管我有沒有看；硬是要告訴我，他們在學校什麼都不會，所以要我病好了回去教她們，繼續幫她們打理一切……他們，用這些訴說著：他們愛我，而且需要我。

別感謝任何一個傷害過你的人，能幫助你成長、改變，能讓你堅持下去的，是那些愛你的人。記得，朝對的方向走，才會吸引更多和你一樣的人。記得，你值得擁有一切的美好。

做自己的北極星

迷路時，記得要用「心」去看，就能找到方向了。

海洋上，陷入迷航時，引導你回家的是岸邊的燈塔；生活裡，徬徨無助時，能指引你的只有自己的心。你是那顆照亮自己人生道路的光點，指引你方向的北極心；也可以是那盞照亮他人旅程的明燈，甚至給予他一個新的方向。

或許罹癌是一出生上天對我的設定，但接下來的故事發展是靠自己來主宰。許多的決定，往往都在一念之間，如果我沒選擇面對，那就只能等待失敗。只有自己知道，自己需要的是什麼，自己想要的又是什麼。

創作時，難免會遇到心灰意冷，但一個小小的火苗就足以再次燃起心中的熱情，那個火苗常常是陌生人的來信，可能是他告訴我，因為我的故事讓他重新找到生命的方向，決定打起精神。而我又何嘗不是，因為他的感謝，讓我又再次駛回原本的航道！

夢想起點

你有夢想嗎？你的夢想是什麼？

小時候的你有沒有一個夢想是：「長大後，我要環遊世界。」孩童時期的我們，總有著許多天馬行空的夢想，當一位科學家、當一位星級主廚、當一位太空人還是當一位旅行者。後來的我們經過歲月與社會的洗禮，好不容易成了所謂的大人，卻又因為現實生活的種種考驗，磨去了我們實現夢想的決心。

罹癌後，曾有過一個畫家夢，盼望能在許多藝術家嚮往的展覽殿堂裡，舉行自己的個人展覽，當時身邊的人為了讓我有個目標，所以鼓勵我一定會實現。那時，我一直以為這個夢想只能憑空想像，覺得要在中正紀念堂辦個展，比接受12次治療還難；但我依舊還是畫下去了，一畫就是3年，還畫了近200張的圖。

如果連我都有機會完成夢想了，那你們，一定沒問題！

你有夢嗎？我們一起讓夢想變成摸得到的理想吧！

莫忘初衷

人生，什麼都可以放棄，唯一不能放棄的就是自己的夢想。

每一次的治療都很想結束生命，在想死死不了的狀況下，那就只好讓自己繼續努力活出新的人生吧。心裡想著：既然我接下來的人生註定沒辦法輕鬆平淡的過，那不如就轟轟烈烈的熱血一次吧！

勇敢說出心中的話，勇敢做著心裡的夢，在自己的才華還沒辦法撐起自己的理想時，那就好好靜下心來學習。如果遇到了悲傷，那就勇敢的哭泣，每一個人都有行使難過的權力，有時哭完，反而更清醒，甚至更能承受，坦然的去面對接下來將要面臨的一切。

努力過，堅持過，失敗了，才能無遺憾的接受。正式的從順遂的人生中出走，如果你願意，請一起跟著我。保持著一顆剛滿20歲的初心，心中充滿著對未來的嚮往與傻勁，即便失敗跌倒了，再自己站起來就可以了。

永遠記得，莫忘初衷，那個一直拉你爬起來的，夢想初衷。

如果我們不曾相遇

生命有一種絕對能力

讓微光引領著匍匐前進

那一天，你出現在我的生命

如果人生註定即將到達終點

至少讓我們都用力的擁抱過

在華麗的轉身之後

便能遇見比死亡更強大的力量

「愛」

認命

歷史故事總是令人著迷，雖然無法改變重來，卻能讓人歌頌流傳，從2012年開始的人生，每一段都是如此深刻，值得回憶。

我曾以為人生最遙遠的距離是未來，後來才發現是那些無法倒帶的昨天、回不去的曾經。人往往在臨終時才領悟，這些年自己最常忘的是珍惜、是把握、是好好享受每一個當下。

這一場戰役，讓我只花了20年就能將這些課題記得如此刻骨銘心，或許我們永遠不知道，明天和意外哪個先來，但我們可以盡力將每一個日子活得最美、最好，我們可以盡力為自己的生命爭取最大的機會。

那位曾經放棄我的醫生臨陣脫逃，在我做好一切準備時收了手，雖然當時我的世界瞬間變得更加黑暗，但當我相信自己也可以發光時，黑夜中的大地，開始浮現一條條未曾出現的小徑，我在微光中匍匐前進，最後看見一個個貴人，在路的盡頭等我。

當命運已經無法改變，記得，可以認命，但絕對不要輕易認輸。

同路

不一定所有來到你生命中的人，都能一直陪伴著你到終點。

生病前，總覺得我是一個不缺朋友的人，只要想逛街或吃宵夜，打開電話簿都能找到朋友陪伴。我也以為，這些朋友都會一直陪著我走過人生的許多歲月。但事實是，一些曾經以為會陪伴到最後的人，知道我罹癌的那一刻，在說聲「加油」後，就這樣消失在我的生命裡，無聲無息，想起來格外諷刺。

有時候，我們會遇到一些人，他們無預警的來到你生命裡，把你的世界攪得支離破碎，再若無其事的離開，留下滿是傷痕的你，我們安慰自己，他們的到來，是為了幫我們上寶貴的一課。

有時候，一些人，可能只是剛好路過，剛好與我們走在同一條道路，並沒有為了什麼，也沒有特別的故事。也有些人，雖然只是路過，卻願意與我們大聲歌唱。

這段路走完，說了再見以後，路上可能就再也不見彼此的身影。醫生說，「聽覺」會在最後離開我們，真正出自肺腑的聲音，可能就這樣跟著，走進另一個世界。

不放棄的你

人如何連結另一個人？原來，是愛，比死亡更強大的愛！

在剛生病的那幾個月裡，我的情緒極度不安與焦慮，尤其到了夜晚更會莫名感到恐懼，那是一種無法用言語或文字描述的狀態，一直到這一兩年才明白，原來那是害怕孤單，不論我有多麼努力說服自己我並不是隻身一人。

在剛生病的那幾個月裡，我拒絕一切來自朋友的關心，比起難過，我更害怕自己用虛弱的身軀面對他們，總是那麼驕傲有自信的自己，第一次感到渺小與不堪一擊，因為連我都無法面對自己，我更不知道該用怎樣的心情去面對他們。

直到有個人告訴我：「妳幹嘛自卑，妳依舊是妳，只需要一直當自己。」我開始試著用心去看，靜下心來後，反而看得更清晰，看到了我的朋友們是如何不間斷的給予我愛，他們不斷的努力讓我明白，不論我變成什麼樣子，他們都依然愛我。

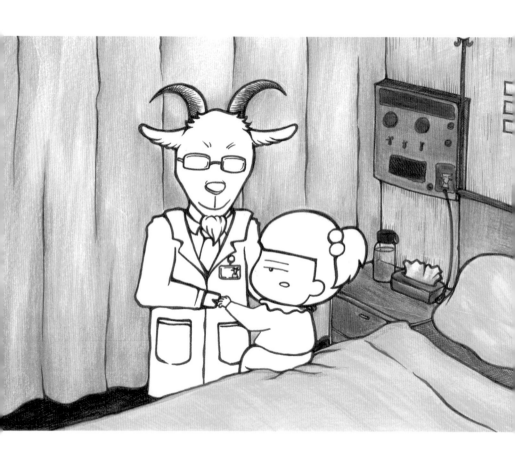

唯一的機會

放棄的理由要很多個，但讓你堅持下去的理由只需要一個。

除了家人與朋友的鼓勵，讓我盡可能的不輕言放棄，還有最重要的一位幕後推手──我的陳爸爸。打完兩次化療，被醫生放棄後的我茫然無助，想起國中老師極力推薦的臺北榮總陳威明主任，於是爸爸拿著我的病歷表，抱著姑且一試的心情前往臺北。

診間內，一位高大的骨科主任，身邊跟著許多實習醫師，在看完我的片子後，主動握起爸爸的手，用堅定的眼神說：「全臺灣，只有我可以救你的女兒。」即便在一年多前經歷了一場震撼的手術，他仍願意再次接下這個幾乎是不可能的任務，一個需要站上手術檯10多個小時、成功機會不到一成的手術。

到底是什麼樣的原因，能讓一位醫生這樣的奉獻？陳爸爸在幾個月後告訴我，因為他知道，如果他不救我，我只能註定死亡，但沒有一個父親，會放棄自己的女兒。

Love Life

這個世界不會因為你的轉念，而產生重大的變化或改變，但你的世界會。

手術後的化療煩悶且痛苦難熬，好幾次問著護理師，下一次的化療我可不可以不要再來，得到的答案都是：「若現在放棄，那前面的辛苦就白熬了。」過著沒有目標的日子，更不知道為什麼自己還要治療，就算治療好了，卻不能走了，心中不斷想著，註定成為家人一輩子的拖油瓶，這樣的人生，哪還有活下去的意義。

有天兒科病房的督導青青，敲敲我的房門說：「阿布，我帶了一位朋友想介紹給妳認識。」「Dora媽咪！」我驚訝的叫著Dora媽咪，而她也被我嚇到，「原來妳知道我！」「是啊，我有看《Love Life》紀錄片，所以我知道您。」那天下午，我們聊了好多，媽咪問我，我有夢想嗎？「有……我想開一個畫展。」說完便拿起了我的畫給媽咪看，她稱讚我，並要我一定要繼續畫下去。

或許，從那天開始，我的世界也正悄悄轉變了。

任性決定韌性

生命的韌性，取決於你對生命的任性。

在病房遇到的陳老師夫婦，孩子在幾年前移民天堂，但他們仍願意走回這個地方，用自身所會的技藝，帶給化療中的孩子快樂。

在病房，「快樂」不需要花大筆的錢，一根隨手可得的吸管，一把家中皆備的剪刀，就能夠創造出許多不可思議的藝術品。吸管在經過老師熟練的手後，延展出本身的韌性，冬季盛開的薰衣草、花圃中的蚱蜢與蝴蝶，甚至是遨遊在天上的飛龍，就這樣逐一誕生。

剪著、剪著，一個下午就這樣過去，不只剪下了乏悶，還順道減去了疼痛。雖然剛開始常失手，不是花蕊剩一半，就是龍少了一邊的鬍鬚，但孩子們仍不斷學習，互相切磋武藝、互相分享經驗，當終於出現一個完整的作品時，每個孩子臉上洋溢著得意的笑容。

當人生遇到全新的課題時，記得，即使經歷了多次的挫折和失敗，仍不要失去信心和嘗試的勇氣。

擁抱的力量

如果生命即將到達盡頭，至少我們都擁抱過了彼此。

護理師朋友說，他待的病房有一位跟我年紀一樣的女孩，報告顯示只剩下一個月的時間，但她的父母決定不告訴她，讓她靜靜的離開。他問我，如果我的生命只剩下一個月，我希望別人告訴我嗎？我說：「我希望。」

活著的時候，總有一些難以說出口的話，不知道在矜持什麼，或許是擔心對方的感受、也或許是害怕說出口的結果，但在生命將盡的那一個月，我會盡可能的將所有遺憾一一彌補。

有時候總因為忙碌而無法見面，有時候總因為距離而無法一起吃頓飯，我想我會在最後的那個月裡，將清單一一寫下、再一一完成。我要擁抱每一個當時停留在我心裡的人，不管是討厭還是喜歡，都希望能有這麼一個機會，跟他們好好的擁抱。那麼至少，在闔上眼的前一秒鐘，都會帶著微笑。

正面能量會傳染

「抱怨，是貧窮的心態，別抱怨不好的事，對好的事心存感激。」

——扎卡里·費雪

直到現在，骨肉癌仍無法提早預防，但面對疾病的發生，除了怨天怨地怨祖先，「除了抱怨，還有什麼是我能做的？」這是在接觸「Love Life」計畫之後，我開始問自己的問題。

有些人羨慕我可以認識藝人朋友，如果可以選擇，我寧可當一個簡單的平凡人，在週五夜晚跟姊妹逛街小酌；心血來潮時將家裡打掃一遍再煮一桌料理，翻著旅遊資訊為下一次長假安排兩人旅行……但當人生再也無法平凡之時，那就好好享受新的生活吧。

開始享受畫圖的樂趣、開始追求自己的夢想、開始用自己的生命影響生命，我深信正面能量會傳染，只要在每次的演講中，有一個人因為我的故事有了不一樣的信念，那就會是我最期待的發生。

最美的黑白配

面對抹黑與懷疑，是什麼樣的原因讓你不生氣？他們說，是愛。

不求回報的愛，寫起來簡單，做起來卻不是這麼容易。我們常會不小心將別人的好視為理所當然，或是聽信流言蜚語就判斷一個人的好壞，是什麼樣的力量讓素昧平生的黑人夫婦，願意無條件為病房中的孩子付出？這個疑惑，一直到我認識了「Love Life」計畫後才徹底明白。

人生中難免有些事情徒勞無功，付出的得不到應有的回應，但珍愛生命的信念不僅教會我永不放棄，更教會了我，其實在付出愛的同時，自己也得到了快樂，這就是最好的回報。

父母對子女、老師對學生、醫生對病人、朋友對朋友，或是來自陌生人的幫助奉獻，其實我們一生中，都在承接好多好多不求回報的愛。如果面對陌生人都能無私付出，那對於深愛我們的人，更應該無條件用力的去愛。

Never say never

「Never say never！只要我們還看得見對手，就一定追得上。」

——《破風》

學習與自己獨處是從出生後便開始學習的課題，一輩子身邊的人來來去去，可以一直陪伴你到最後的終究只有自己，在追求夢想的路上，難免寂寞，但我們仍然必須努力學習，學習忍耐一個人，學習適應夢想的煎熬過程。

每一個夢想的價值與意義，都是我們自己才能賦予，沒有絕對的好與壞，沒有永遠的低潮與順遂，當必須一個人去面對時，除了勇敢還是勇敢。

但真正的勇敢不是要你不害怕，而是即便清楚知道可能發生的結果，仍要充滿信心的抬起頭向前大步邁進。

讓我突出的理由不是殘疾，而是我挑戰世人對「殘疾」的既定認知。希望當你受到我的鼓勵時，不是因為我損傷了一隻腳或是癌症病人，而是我「勇敢挑戰自己的極限」。

人生如戲

劇本能重拍，NG能重來，戲如人生，但人生不一定如戲。

當我們看到一部好電影，我們會不停播放；當我們聽到一首好歌，我們會不斷哼唱。在電影《命運好好玩》裡，遇上喜歡的事能不斷重複，不喜歡的就直接跳過，但人生不行，所以更該好好享受，不管是喜、是憂。

化療讓我們的免疫力降低，出入公共場合都要小心翼翼，更遑論進入密閉的空間參加電影首映。生病後看的第一場電影，是孩子口中的女神姊姊包下的電影院，在醫護人員的協力護送下，讓每一個孩子、每一位家長，有了難得喘氣的機會。

還記得當時，姊姊再過幾個小時就要搭機趕行程，但她仍留下陪伴我們直到工作人員謝幕。燈光亮起，她溫暖的向我們招招手，便快步離開，驅車前往機場。

對我們來說，她從來不是遙不可及的女神，而是我們每一個孩子心中最愛的大姊姊。

美好的邂逅

過去的事情無法重來，但我們可以選擇從這一刻開始，用力的擁抱當下和未來。因為不是每一個錯過的遺憾，都有機會去彌補。

我們總是太習慣自己的生活，將所會的事情視為理所當然；我們都不曾好好欣賞自己的才華，不曾好好欣賞自己生命的獨特性。

生病這件事讓我大受打擊而且沮喪好久，習慣獨立的我，頓時覺得自己一無是處，面對充滿未知的未來，很想重新拾起破碎的自信心，卻好難、好難。

但93病房卻有種魔力！這裡不像病房，像一個充滿愛的技能開發所，來到這裡的孩子，個個擁有獨一無二的特質。有的孩子是音樂天才、有的是籃球高手、有的成績優異，還有些人的潛能居然是在病房中被開發出來的，我，就是其中一個。

我想，這都是因為來自心底的鼓勵與讚美，在獲得成就感的同時，我也開始學習欣賞了自己的與眾不同。

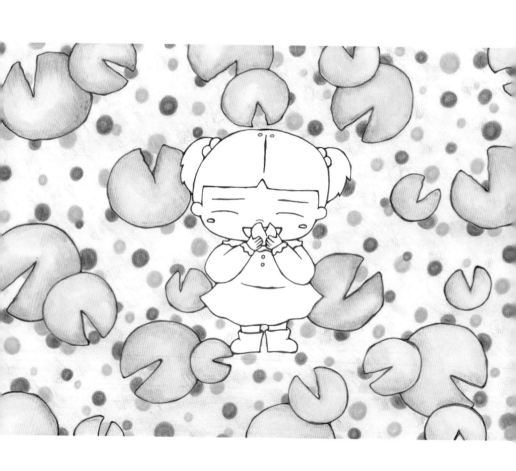

謝謝，我的大幸運

謝謝，18歲的自己，勇敢爭取自己的夢想，妳是我人生的最大幸運。

我是個高中念自然組的孩子，在傳統臺灣教育下的學生，即將升高三的那年夏天，18歲的我問著自己：「未來的大學4年，我還要過著同樣的生活嗎？」「不，我不要！」

我開始抗戰，鼓起勇氣提起念藝術設計的事，面對這樣的決定，需要極大的決心。白天念著物理化學，晚上讀著歷史地理，假日惡補術科考試的所有項目，一整年的睡眠不足，一整年的膽顫心驚。但你問我後悔嗎？不，我不後悔。

謝謝當時的自己，抱著破釜沉舟的心情，在人生的航道180度大轉彎，讓我能在3年後面臨無法選擇的挫折時，用我擅長的方式，重新開闢了另一條航道。

人生沒有什麼是白費的，所有的經歷都會有它的意義與價值，重點在於，你是否能看見。

為愛而生

冷清單調的9樓迴廊，貼滿了活潑可愛的壁紙，冷清的病房，終於不再只有白色，Born to Love，因為愛而生。

在病房裡面，我為自己和同間的孩子創造色彩；在病房外的迴廊，有一群來自四面八方的叔叔阿姨，為住在兒童病房的我們，創造了好多的不可思議。光亮的白色牆壁貼滿了一張張色彩繽紛的壁紙，環遊世界的卡通動物們，不只為醫院增添了幾分顏色，更讓孩子的臉上點綴了幾分笑容，推著點滴架來回穿梭，用扎著針管的小手東指西指，彷彿在說：「你看！有好多動物們來陪我。」

我們都倚賴著愛而生存，大人需要愛，孩子也是。孩子可能沒辦法清楚表達，但不代表不需要。那時我告訴自己，即便結束治療，在未來有能力時，也要繼續帶給在醫院抗戰的孩子們許多歡樂。

朋友是最好的藥劑

陪伴，不管你需不需要，我會一直都在。

長大後才發現，世界上最美好的友情不是天天緊膩在一起，而是在自己最徬徨無助、試著逃離一切的時候，他們說，會一直在那等著我回來。或許我們每一個人能給予的有限，但其實我們能給予的最好的禮物，是時間和陪伴。

以前的自己熱愛交朋友，總開玩笑說「畢業後一定要環島」，住在不同的朋友家，體驗不同城市的人文風情。但在得知自己生病時，卻用盡全力想斷開所有和朋友之間的連結，因為恐懼、因為不知所措，但其實朋友永遠知道，徬徨無助的我所害怕的到底是什麼。

他們開始不間斷的陪伴，不間斷的詢問著療程，不間斷的用盡一切辦法想要喚回過去那無所畏懼的我。不斷找尋新的樂子、不斷

鼓勵我繼續創作、不斷告訴我還有好多事他們等著我一起去做，甚至還幫我創了粉絲專頁，為我埋下這一顆開啟新道路的種子。

有時，或許孑然一身才能明白，花了一輩子、學了一輩子找的答案，最渴望的，從來不是多少的金錢，而是一個真正的陪伴，老伴、老朋友。

我們的小王子

再見，我的小王子，我仍需屹立在這孤獨的星球。

大人總是很健忘，忘了我們是他們的孩子，也忘了自己曾經是個孩子，他們不能做到的事情，總愛要求我們做到。

別再告訴每個孩子，你們的起跑點相同，贏在起跑點，就贏了別人一大步。每個人的賽程完全不同，起跑點不同、過程不同、參賽者更只有自己一個。路程、速度完全取決於自己，如果身為父母的你沒辦法代替孩子跑步，就別設限孩子的腳步。

我們擔心孩子步上跟我們一樣的後塵，不願孩子跟我們一樣的辛苦，但你可曾想過，在孩子的心中，正因你是他們的天、他們的地，能夠成為跟你們一樣的人，是他們夢寐以求的事。

或許我們沒辦法替他人裝上翅膀代替他飛翔，但我們可以成為他眼前的指標、他的導航塔，帶領他飛向更遼闊的天際。

別推開愛你的人

社群網站上很多人讚，不代表很多人愛。現實生活裡不管是不是有很多人陪伴，你都要相信自己值得好好被愛。

在人生中最艱困的時候，我曾放開了那雙愛我的手，曾推開了想要拉我一把的手，只想活在自己的地洞中，從此與世隔絕。可是，我的朋友有種魔力，他們總是知道我會躲在哪裡，他們在門外日以繼夜的等待，等待我願意重新打開門的時刻。

重新開啟沉重的心門不是件容易的事，但如果時間能夠重來，我會給自己一個機會，握緊那雙牽著自己的手，抓緊那雙想要拉我一把的手。不要因為害怕失去，所以選擇提早放開，因為，有多擔憂，其實就有多愛。每一片真心的海，都承載著宇宙級的力量，相信我，這樣的愛絕對能讓悲傷的你更好，而且更加勇敢，這也是愛迷人的地方。

當你認為人生到了谷底，更別輕易推開那個愛你的人。

你好，伯樂

真正能使你前進的，並非和成功的人比較，而是你對這件事情的嚮往與憧憬。因為，你也是自己的伯樂。

第二人生展開之後，我開始在每一年的生日，在心中規畫一張新的藍圖，然後試著找到它所欠缺的每一塊拼圖，但這其實是不同年紀時的我們，都該好好執行的一件事。我們害怕自己與眾不同，就像在一群小鴨中長大的天鵝，不是你不好，只是你還沒看見自己最美的樣子。

有位老師曾告訴我：「在故事的轉身處，讓自己用最值得被世界記憶的樣子出場。」像一早的清晨、像雨後的彩虹、像歸途的黃昏。

我們要選擇為自己而活，只有自己能讓自己開心或難過，面對解決不了的事情，可以選擇用另一種態度面對，就會發現其實也沒什麼大不了。

孤寂的時候，想一想那些值得回憶的故事，記得，你才是這些故事的主角，只有你最了解自己的獨特。

以自己為榮

我相信會有那麼一個日子，我們都可以活成自己最愛的模樣，勇氣會讓所有的傷痕都成為保護的盔甲，會有那麼一天，我們為自己感到驕傲。

曾聽過這麼一句話：「我們關心的範圍，造就了我們能力的極限。」你的心有多大，世界便有多大，夢想不用偉大，但要記得遠大，這能幫助你找到自己的內在價值，以及真正的快樂。

我總是跟別人說，你能不同意我的觀點，但不能否定它，因為你不曾經歷過我所經歷的一切。別人總說，我是個隨和的人，笑笑坦然的接受一切，但我總覺得，是因為內心那不服輸的自己，不斷的給予我勇氣，而這些勇氣讓我身上與心中的傷痕，都成了值得驕傲的勳章。

現在的我，熱愛我的工作，不是因為它能帶給我金錢或名聲，而是因為我找到了它本身的內在價值——帶給人力量與幸福。我為自己正在做的事感到快樂，更為現在的自己，感到無與倫比的驕傲。

故事的起點

苦難在我們身上都留下了難以抹去的印記，但它們卻可以給同年齡的人，除了美以外的價值。

一切的一切，都從93病房開始，我們學著面對現實，學著與現實和平共處，雖然努力不一定馬上就能得到收穫，但我們不輕言放棄，我們耐心的等待結果，等待一次又一次的奇蹟。期待奇蹟在我們身上出現了見證，期許自己都能樂觀的面對每一個未知的故事，希望正在看著書的你們，可以不用經歷過我們所經歷的事情，只需要透過我的文字、我的畫作，就能學會這些苦難教會我的事情。

我的戰友們個個優秀，個個奮戰到生命的最後一秒鐘，在這場未知的戰役中，當我學會面對死亡之後，同時也學會了面對自己的人生，學習了解真實的自己。

你有夢想嗎？如果有，現在就開始去追吧！

歐普拉說：「追求夢想的勇氣，是每個人唯一需要的勇氣。」

我的夢想，就從這開始。

我 不 願 讓 你 一 個 人

親愛的

如果哪天你必須要先走

請讓我知道我能在哪找到你

我最親愛的

謝謝你

守護我的任性與我的脆弱

不讓我孤單一個人

你做得很好

不要對我們說「加油」，我們更希望聽到的是「你做得很好」。

推開房門，又見帷幕拉起，裡頭的孩子正在抗戰吧！或許是癌細胞，或許是自己。

18歲的妳，是念北一女的優秀孩子，住進醫院前，一邊忍受疼痛一邊應付考試，後來輾轉住進了臺北榮總，關上拉廉，不願與世界對話。那天剛好做完手工拼豆，去到妳的床前，送給妳一個見面禮，我說我住在29床，如果願意，可以來找我聊聊，隔天，我居然真的等到了妳。

聽妳說著遠大的理想，但礙於行動沒辦法完成；聽妳說覺得對不起家人，因為生病這件事讓他們失望。但親愛的，妳知道嗎？在我眼裡妳既溫暖又特別，離開前的那幾個月，妳始終替身邊的人著想。

親愛的，別再難過，相信妳在另一個世界，已經完成了想做的事。

下輩子，我們再一起當追夢人。

圓夢的路

世界這麼大，圓夢的路絕對不會只有一條。

復學後，妳說妳無法再站在舞臺上舞動雙腳，所以選了一個不討厭的織品系。雖然現在的妳沒辦法跳舞，但我說妳可以轉動著踏板，織出最適合舞者的衣裳，因為只有自己最清楚，什麼樣的舞衣最自然、最舒服。

畫完這一張圖送給妳時，阿姨說這天妳復發了，但妳仍沒有放棄妳的夢想，妳總是帶著笑容出現在大家的面前，用最樂觀的態度面對復發後的療程，即便疼痛仍不放棄，因為妳相信，總有一天會再回到妳所嚮往的舞臺，用屬於妳的方式在臺上發光發熱。

妳說我是妳的另一個姊姊，我說我是妳的小丸子，要跟妳一起走過未來每一段努力圓夢的日子。

直到離開前，妳仍不忘提醒著我，要我繼續做93的奇蹟，做醫學上的見證，要我帶著大家的夢想繼續向前。

我做到了，妳看見了嗎，在那個世界？

夥伴

那一年，你最愛的NBA馬刺拿了總冠軍，卻也是你見到的最後一次。

惡性骨肉瘤，10到19歲是好發年齡，發生部位大多在膝蓋及肩關節附近，叛逆的我們卻21歲才發病，還長在最棘手的骨盆。

低存活率並沒有過度打擊我們的信心，我們有著同樣的默契，不過問彼此的事，卻比賽誰能先到美國看自己支持的球隊。你支持的球隊贏得了總冠軍，我一直覺得這個幸運會一直延續到你身上，即便面對復發仍無所畏懼，你說這場抗戰像球賽，不到最後永遠不會知道誰是贏家。

你喜歡馬刺無私的團體精神，就像你喜歡我們戰友間的團結，曾經以為我們能一起看見自己成為勝利的一方，回診檢查時，你已與病魔僵持不下好一陣子，擔心我看到你脆弱的樣子，你傳來訊息說著你沒事，但我知道，你是不願讓同樣病理的我擔心。你說，等你好多了再讓我去看你。

那一年，換我支持的球隊贏得了總冠軍，卻沒有收到你傳來的祝賀訊息。

孩子，別怕

最後一次見面，是你跟我爭著第一個參加病房所舉辦的活動。

你人生的最後一次生日，我沒有勇氣與你同樂，聽老師說，大家都圍繞在你身邊，沒有憂愁，只有滿滿的歡樂。

還記得第一次見面，你充滿活力的捉弄著阿姨，還一邊嚷嚷著想吃炸雞，但叔叔不給你吃，所以我們總在他離開病房時，偷偷買來，並塞個幾塊到你的碗裡。那時，你的眼睛瞇成一彎月亮滿足的笑著，阿姨雖然一邊唸著「爸爸知道就慘了」，但仍幫忙湮滅證據。

我打化療的時候胃口不好，每天都想要吃奇怪的東西，這時你總會湊上一腳。還記得有次一邊聽著MC HotDog〈不吃早餐才是一件很嘻哈的事〉，一起吃著薯餅配立頓奶茶，但是吃完卻又因為化療的副作用全部吐了出來。

最後的日子，你被帶回了南部，已經迷糊的你問著：「為什麼不再治療？」表情害怕又恐懼，但叔叔輕輕的告訴你：「不要擔心，先安心的睡覺。」

現在，一定全都好了，正在開心的踢著你最愛的足球吧！

打開妳的門

住進93病房的第一天，憂鬱且手足無措，也是我們遇見的第一天。

生病的開始，我什麼都沒有，只有滿滿的負能量，住進93病房後，卻開始有了不一樣的轉變。

住在對面的妳才國中，但是每一天在妳的臉上都找不到憂愁。難道妳不痛嗎？怎麼可能！但是為什麼妳能以這樣子的微笑，面對未知的明天？

每一天我都拉上我的床簾，不願與人交談，但妳和叔叔卻主動來告訴我們，如果身體狀況還好，血球沒有低，就打開床簾吧！我打開了一些些，透過小縫偷窺，想要找出妳每天笑的原因，那時才知道在兒童病房裡有床邊老師，有志工媽媽來教做卡片，有隔壁的戰友來串門子，還有到了吃飯時間一起團購美食。

原來，每一天，病房的門總是又開又關，每一天，總有不同的事可以做。後來我也加入了你們的行列，才發現原來我是喜歡這樣的氛圍，在生病的時候，我也想要朋友的陪伴。

謝謝妳和叔叔教會我治療中最重要的事──學著打開我的門。

有朋友，真好

那一年，妳才8歲，人生卻有一半的時間，都待在醫院。

推著比自己高大的點滴架，卻駕輕就熟，從妳有記憶開始，就往返在兩個H點之間（Hospital和Home），好不容易完成了療程回到學校，卻一次又一次的復發，即便難過，在妳的臉上卻看不到太多悲傷。

住在隔壁床的妳，喜歡跑來我的病床上，要我教妳畫畫、做卡片，有次妳輕輕的告訴我，妳的朋友，就是家裡的兄弟姊妹，因為每次回學校的時間都好短，妳很羨慕我有好多朋友來看我。

妳說的一派輕鬆，繼續認真的畫著圖，但姊姊的心在淌著淚，這個年紀應該是要每天玩耍、每天在學校吸收新的事物，但妳每天要做的事卻是打針、治療、延續生命。

那一年妳生日，我偷偷訂了好多造型氣球，在當天一大早就將氣球布滿了整個病床，並邀請病房的哥哥姊姊們一起來為妳祝賀，那是我們一起過的第一次也是最後一次生日。

現在的妳，有沒有認識了許多新朋友呢？

勇者無懼

兩個極度惡性、極度疼痛的癌症都在你的身上發生，在你臉上卻看不出一絲的畏懼，你是真正的勇者，令人敬佩的鬥士。

剛開完刀的自己，因為脫臼無法下床，更無法自在的坐在椅子上，那天是平安夜，你拄著拐杖來到18樓骨科病房，看著開了同樣手術的你，我擔心的問著自己能不能像你一樣自在走路，你說，只是需要時間。

渴望學校生活的你，結束了第一個癌症的療程後，盼望回去學校，但沒多久就聽到你出現了第二個癌症的消息，接受了極度不適的移植，病房的護理師們都深深感到佩服。我一度以為這一次你也一定能挺過難關，沒來得及去看看你好不好，你說你很疲勞，這一次我又要回去檢查了，卻發現你已經不住在單人病房裡。

嘿，親愛的勇士，剛離開不久的你，還適應那裡的日子嗎？

我們，天堂見

或許事情不會永遠都順著自己的想法走，但我相信93病房的故事會一直被傳唱著。

親愛的，讓我們先學會鬆開雙手，這樣才有辦法再次擁有。雖然每個人的故事都不同，更不知道未來的我們何去何從，但只要朝著同樣的方向走，我們終能遇見彼此，在不同的道路盡頭。

看完《一把青》後，好像能明白為什麼爸爸從小告訴我不能掉眼淚，因為掉眼淚就像是世界末日一樣⋯⋯原來，在空軍面前掉淚，是因為又有人沒飛回來。

或許，正因為出生在軍人家庭，從小就被教育「生離死別」是再自然不過的事。父母與孩子的緣分一出生就註定好了，我們能做的就是盡全力改變自己能掌握的狀況，剩下的變數一切交給天就好，就算結局不如所願，我們仍已盡人事。

親愛的，如果你必須要先走，請讓我知道你去了哪裡，然後你會在哪個地方繼續的看著我們的故事，好嗎？

93小老師

死亡會帶走我們的靈魂，但是帶不走我們留下的故事。

人生就像蒲公英，看似自由，卻身不由己，疾病讓93病房的我們先學會面對死亡，才學會真正活著。有時候，現實生活比電影還要離奇，在治療的日子裡，常常在一早醒來就像是世界末日。讓我們靜下心來一起想想快樂的事，學習駕馭自己的情緒，別讓它駕馭了你。

在以前是很微不足道的事，一旦發現它變得困難時，我們便會開始去珍惜，「把握當下」是住在93病房的孩子們想要告訴大家的事。如果有夢想就去做吧，不管你認為做不做得到，都要努力相信是值得的。

以前的自己總會斤斤計較許多事，但現在的自己比過去更能釋懷，看著病房的小戰士們，學會了知足，也學會了簡單的快樂。

孩子們，你們是最勇敢的戰士，更是啟發許多人的老師。

很喜歡席慕容說過的一句話：「這世間沒有分離與衰老的命運，只有肯愛與不肯去愛的心。」這句話對身處在病房裡的勇敢媽媽們來說，再適合不過。

給93病房勇敢的父母們，謝謝你們的勇敢面對，讓生病中的我們了解自己是何等的幸福與被愛著，雖然偶爾會遇到媽媽們說著自己是「偽單親」，但愛著孩子的心卻是雙倍的。

以前的自己，總覺得不管是男是女，都該有獨立的經濟能力，寄託在他人之下的日子，手心向上的生活，會逐漸失去自我，也失去自信。但生病後才知道，原來身為父母之後，真的會為了孩子放棄自己的工作、自己的生活，以及自己的夢想。

你們總說，只要孩子們能健康，放棄自己的工作是再划算不過的交易。謝謝勇敢的父母們，讓我們看見了不畏懼分離的可能性，還有堅持愛到最後一刻的決心，然後，我們也能因為這樣的決心，而勇敢。

病房憂鬱症

生病的開始，我什麼都沒有，只有滿滿的負能量，在我面前吃便當，都是令我覺得很痛苦的事。

開完刀之後，因為人工關節不穩定、打化療出狀況、發燒等原因，遲遲無法出院，躺在病床上看著隔壁的室友來來去去，鬱悶到不行的我，整日不想說話。醫生問我需不需要心理醫生，但我心想，我只是需要那一張出院結帳單。

打化療時黏膜破損，當時覺得可以好好蹲馬桶是件很幸福的事，那陣子都跟朋友說：「如果能正常上廁所，那真是太幸福了！」很多人跟我說，保持穩定的情緒是抗癌的必要條件，但其實，這並不是自己的意志力就可以辦到的事。後來遇到了一位醫生，他告訴我：「如果必須借助藥物的時候，記得，這並不可恥。」

當時的我把自己關在高塔裡，自己出不去，別人也進不來，太多的憂鬱來自於渴望外面的食物，太多的焦慮不安來自於嫉妒健康的人可以盡情的享受人生，沮喪又沉重，那樣的日子，持續了整整8個月。

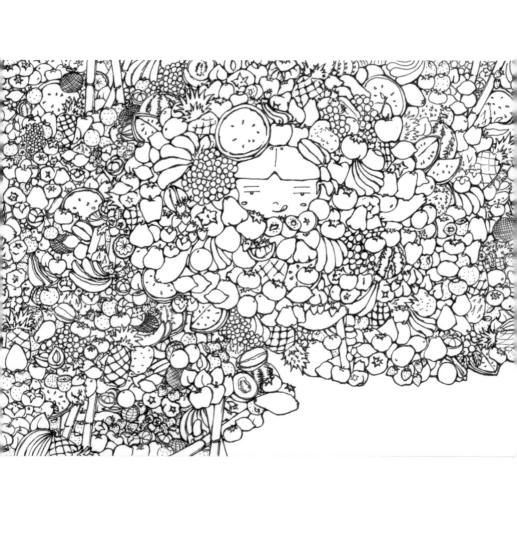

假裝我是一隻魚

打化療的時候每天都要吃著重複的食物和營養品，多希望自己是隻只有7秒記憶的魚，如此一來，每天發生的事都會覺得無比新鮮。

曾看過一部電影，男主角對女主角說：「人生只有一次，妳有義務好好活著。」我開始思考自己第二人生的意義，我沒辦法忘記這樣的狀況，但我可以假裝每天都是嶄新的一天，我開始學習及嘗試任何我想做的事。

我開始看不同的書；去現場看球賽，為自己支持的球隊加油；去現場聽演唱會，儘管那天下著雨又有寒流；第一次搭上遊輪，完成人生中的第一次出國；也開始重新拾起畫筆，購買書籍探索色鉛筆、學習肖像漫畫創立經濟來源；更開始了一次又一次的演講，將自己的生命故事讓更多人知道；甚至還在中正紀念堂舉行個人插畫展，還出了這一本書。

我學著假裝自己是一隻魚，學著將接下來的每一天，都當做嶄新的開始。

一切只是習慣

開始習慣這樣的日子，開始學習把握當下，開始感恩我還可以坐輪椅去感受世界，開始明白爸媽在旁照顧是一種幸福。

病房中有好多年紀還小的孩子，卻有一半的人生都在與病魔搏鬥，他們不吵不鬧，乖乖的畫圖，安分的接受一次又一次的化療；沒有活動時，每一天就是接受不同的藥物和治療，所以我們總會找一些事情來做。當時，我在病房是一些孩子們的大姊姊，他們喜歡推著點滴架來找我，要我陪他們畫圖或是做卡片，後來還訂了玩具，帶上老師們送的拼豆，即使是住院，仍要每天努力讓自己過得充實！

剛開始真的很不習慣沒辦法自理的日子，後來漸漸釋懷，這樣的日子還需要很長的一段時間，所以開始學習麻煩別人、學習與人24小時共處一室、學習開口說出自己內心真正的想法，更開始學習把握當下。

感恩我還能擁有20年的健康人生，感恩我更擁有家人以外好多人的愛。

總會有值得期待的事

相同的日子必然無聊，但總會有一兩件值得期待的事。

在93病房治療的半年多時間，回到家中的日子寥寥無幾，日子雖然無趣又痛苦，但總會有一些小確幸。不管是藝人哥哥姊姊們的電影包場、喜願協會及麥當勞之家的活力補給，或是關愛孩子們的人帶來滿滿的禮物和祝福。

治療的時候，病房裡偶爾會有一些志工爸媽來陪伴，第一次遇到的奕華媽咪教我們做卡片或熱縮片；後來遇到的陳老師、藍老師教我們做造型吸管。他們的孩子都已經先移民天堂，但他們選擇把愛繼續留在93病房。

亦有許多充滿愛的人們，將愛帶進來，提醒生病中的我們：仍有許多人正在替我們加油，所以我們不能放棄。有活動可以參加，是在化療的那段日子裡，最期盼的事。謝謝我曾經遇過的、有愛的你們。

小螺絲大團結

癌症不會傳染，但愛會。

以前的自己，是個冷漠的人，不太關心身邊的所有事情，直到生病後才發現，原來人真的可以改變，或許一切的改變，都是來自於愛。

以前的自己，覺得很多事情徒勞無功，所以一心只想著結果；但生病後的想法轉變，我開始關心、也開始珍惜每一件事情的發生。直到最近才明白，人生到頭來，我們擁有的只有回憶，拿不出來也無法被人拿走，回憶提醒著我們曾經經歷過什麼，擁有過什麼。

治療後期的自己，參與了第一次的義賣，一邊化療一邊剪著造型吸管，病友們更是一個又一個的加入，用盡力氣做出來的作品或許不是最完美，但富含著我們滿滿的祝福，儘管過程中有滿滿的不適，但當時的我們總覺得，生病的自己能夠幫助和自己一樣的人，很有意義。

或許當時在許多大人眼裡，我們就是一根毫不起眼的小螺絲，但當所有小螺絲聚集起來，也能產生意想不到的大力量！

傳遞

可以盡己所能的給予，是值得開心的。

治療時剛好參與了病房的義賣活動，捐出了自己的第一張完整作品，這幅作品橫跨了健康與罹癌，為了完成它，還必須坐在馬桶上，將畫具搬進浴室，一個日子捱過一個日子，才成就了這一張畫。

每張畫作對藝術家而言，就像是自己的孩子，送出自己的孩子一定心疼，但想到它能幫助更多人，便覺得一切值得。

義賣結束後，有位孩子也同樣罹患骨癌的媽媽特地前來病房，她希望我能再畫一張作品，讓這幅畫能再一次將故事傳遞下去。於是，我開始了在病房的第一次練習，打著化療的同時，左邊是粉蠟筆，右邊是待命的茶杯和衛生紙，雖然辛苦但內心覺得值得，畢竟這樣的經驗也不算太多，若是有人喜歡我的作品，那就繼續畫吧，就算只有一個人欣賞，那也就足夠。

做自己喜歡的事情不用想太多，感到快樂，便足夠。

Painting Love Life

曾經，有位癌末的客人說希望購買我的背包，她說，要用剩下的時間背著它去好好旅行，但背包做好時，她的先生告訴我，她已經離開，但是他之後仍會背著它，去完成太太生前想要做的事。

開始畫圖的這3年多來，一路上不免跌跌撞撞，但偶爾總會有這樣的小故事，能夠讓我想起快忘記的初衷。畫圖對我來說，是生活上的累積，也是傳遞我生命故事的方式，更是一種屬於自己的Love Life方式。

能跟著自己的心去畫，不用被太多的教條約束，把感覺到的、腦中浮現的，隨心所欲、自由自在的畫下，對我來說，這樣的創作就是一件最美好的事。面對工作上無以言表的事情，從會逃避到現在的積極解決，相信自己的作品絕對值得被欣賞，就和自己的生命一樣。更何況，沒有一份工作是不委屈的。

人生中的每一個過程、每一個經歷，都有它存在的意義。現在，能每天做著自己喜歡的事，就是目前最大的幸福了。

致家人

給我最勇敢的家人們：

謝謝你們忍住可能失去我的悲傷，用你們滿滿的愛與寶貴的時間，盡全力的協助我做每一件想做的事，完成我每一個說出來總認為不可能，但仍願意相信我能做到的夢想。而我亦在你們的見證之下，一次又一次的將它們變成了可能。

期盼我的父親，能夠繼續透過旅行享受他嚮往的生活。
期盼我的母親，能夠繼續享受她沒有太多紛爭的日子。
期盼我的妹妹，能夠盡情享受每一個重要的人生歲月。

你們所有的煩惱，就統統交給我吧！

我至今仍在探索自己的生命志向，我不確定生病後的自己究竟是想做一個什麼樣的人，但能確定的是，做你們的家人，是此生最幸運也最想做一輩子的事。

約定好喔！在史蒂芬‧柯瑞退休之前，一定要去美國看一次勇士隊的主場籃球賽！

致朋友

「我們不斷戰鬥，不是為了改變世界，而是為了不讓世界改變我們，守護那原始的自己。」

——《熔爐》

給我親愛的朋友們：

生病以來，謝謝你們始終不放棄相信我可以戰勝這件事。每次當我想要放棄戰鬥時，你們總會立即出現跳出來制止我，並告訴我要加油，還有不斷提醒我們共同還沒完成的事情。

一直覺得自己不是個稱職的朋友，似乎都沒有好好的聯繫著你們，沒有好好的關心著你們的近況，究竟好不好。但每一次我受到委屈時，你們總是急得跺腳，問我到底是誰欺負了我；每一次我需要幫助時，你們總是毫不猶豫的伸出雙手；每一次我的重要

日子，儘管平時各自忙碌，但在這個時候你們總會出現，替我感到高興，為我加油。

一直覺得，如果沒有你們當我最強而有力的靠山，我大概沒有辦法這麼有勇氣的走到現在，更不可能完成一次又一次想做的事情。

謝謝你們，為了不讓疾病打倒我、改變我，你們總是盡心守護最原本的那個我。

給願意勇敢的自己

還記得在心碎成一地，覺得世界末日了，可是決定要勇敢振作的自己嗎？

現在的自己，決定勇敢面對每一個未知的明天，明白了金錢固然重要，但健康反而更難能可貴。我開始做自己想做的事，當自己的老闆和員工，每天都在追逐自己的夢想，不管未來的故事會如何發展下去，一切都值得期待。

當覺得人生到了末路，想想小時候的自己，跌倒了卻還能自己爬起來的你。如果以前可以，那現在又為什麼不行？當你選擇了勇敢，記得先感謝你自己，願意給自己一個機會，去嘗試、去改變。鼓起勇氣踏出舒適圈不容易，踏出找不到方向的黑夜更困難，但只要相信，就一定可以做到。

《生命中的美好缺憾》有一段話讓我印象深刻：「我們沒辦法決

定自己會不會受傷，但可以決定是誰傷害你，你的快樂與悲傷，其實都取決於你對事情的看法。」

想要逃避時就想一想吧，那個曾經願意勇敢的自己。

填滿了勇敢，就沒有空間去留給悲傷。

To be continued......

每一個靈魂，都值得被愛

偌大的宇宙，生命在之中顯得特別淺薄脆弱，但我們仍要用力的去愛，去相信世界上仍有美好。

5年前的自己，被通知罹患了罕見骨癌，面對手術成功率不到一成的風險，究竟該奮力一搏？還是該把握和家人相處的每一刻，安靜的走到最後。知道生命即將到達終點，我要選擇哪一個？

當時種種的問題，那些沒有絕對答案的疑問，相信都已經有了最適合自己的安排。5年過去了，我給了它們一個答案：「適時的放下，才能擁有更多。」寫這本書的這一年，滿滿的回憶湧現，時常寫到一半，情緒上來久久不能自已，但我想，正是因為這段過去已深深烙印在心裡，成了人生最特別的印記。

特別感謝方智出版社讓我有這個機會，用畫作和文字傳遞我的故事給更多人知道，希望你們在讀完它的時候，都能跟我一樣擁有滿滿的力量。

謝謝我的小良主編與蕙婷姊在這一年給我滿滿的愛與包容，鼓勵我盡情的展現自己，幫助我釐清思緒與這本書的方向。

謝謝惠文高中的蔡淇華主任，在文字撰寫上給了我許多建議與指導，讓我能更精準的用文字表達內心的情感。

謝謝一路上所有支持我、鼓勵我、相信我可以的人，才得以成就我的第一本圖文書誕生。

這本書寫到最後一篇了，但我相信「阿布布思義」的故事仍會繼續不斷的寫下去。一直覺得自己幸福又幸運，能夠擁有這麼多人的愛，一路走來雖辛苦，但大家的愛都讓我更加勇敢，更加確信：「每一個靈魂，都值得被愛。」

我們每一個人，都值得被好好對待。

認識骨肉癌

骨肉癌（或稱骨肉瘤）是青少年最常見的原發性惡性骨腫瘤，好發年齡與症狀常與成長痛相同，因此多數孩子與家長初期常容易忽視疾病，需多關心注意，切勿因接受針灸、推拿的治療，而延遲就醫時間。

好發青少年時期

9～25歲

夜晚疼痛更劇烈　未因休息而舒緩

固定點
明顯腫塊

迅速就醫照X光

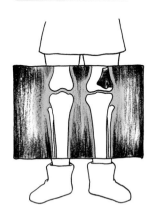

切勿針灸或推拿

資料來源：中華民國骨肉癌關懷協會 www.ogs.org.tw

國家圖書館出版品預行編目資料

即使被判出局，也要讓夢想回家／阿布（張棿晴）作.
-- 初版. -- 臺北市：方智，2017.08
224面；14.8×20.8公分 --（自信人生；142）

ISBN 978-986-175-467-3（平裝）

1. 人生哲學 2. 生活指導

191.9 106010940

Eurasian Publishing Group
圓神出版事業機構
用心與你對話．網野無限寬廣
方智出版社
Fine Press

www.booklife.com.tw reader@mail.eurasian.com.tw

自信人生 142

即使被判出局，也要讓夢想回家

作　　者／阿布（張棿晴）
發 行 人／簡志忠
出 版 者／方智出版社股份有限公司
地　　址／台北市南京東路四段50號6樓之1
電　　話／（02）2579-6600．2579-8800．2570-3939
傳　　真／（02）2579-0338．2577-3220．2570-3636
總 編 輯／陳秋月
資深主編／賴良珠
專案企畫／沈蕙婷
責任編輯／鍾瑩貞
校　　對／鍾瑩貞．賴良珠
美術編輯／金益健
行銷企畫／陳姵蒨．曾宜婷
印務統籌／劉鳳剛．高榮祥
監　　印／高榮祥
排　　版／杜易蓉
經 銷 商／叩應股份有限公司
郵撥帳號／ 18707239
法律顧問／圓神出版事業機構法律顧問　蕭雄淋律師
印　　刷／國碩印前科技股份有限公司
2017年8月　初版
2020年7月　5刷

定價320元　ISBN 978-986-175-467-3